PEDAGOGIA COMO CIÊNCIA DA EDUCAÇÃO

Conselho Editorial de Educação:
José Cerchi Fusari
Marcos Antonio Lorieri
Marcos Cezar de Freitas
Marli André
Pedro Goergen
Terezinha Azerêdo Rios
Valdemar Sguissardi
Vitor Henrique Paro

Dados Internacionais de Catalogação na Publicação (CIP)
(Câmara Brasileira do Livro, SP, Brasil)

Franco, Maria Amélia do Rosário Santoro
    Pedagogia como ciência da educação / Maria Amélia do Rosário
Santoro Franco. 2. ed. rev. ampl. — São Paulo : Cortez, 2008.

    Bibliografia.
    ISBN 978-85-249-1357-0

    1. Educação - Filosofia 2. Pedagogia 3. Prática de ensino
4. Professores - Formação profissional I. Título.

08-00490   CDD-370

Índices para catálogo sistemático:

1. Pedagogia : Educação   370

Maria Amélia Santoro Franco

PEDAGOGIA COMO CIÊNCIA DA EDUCAÇÃO

2ª edição revista e ampliada
2ª reimpressão

PEDAGOGIA COMO CIÊNCIA DA EDUCAÇÃO
Maria Amélia Santoro Franco

Capa: aeroestúdio
Revisão: Maria de Lourdes de Almeida
Composição: Linea Editora Ltda.
Coordenação editorial: Danilo A. Q. Morales

Texto revisto e ampliado a partir da 2ª edição em abril de 2008

Nenhuma parte desta obra pode ser reproduzida ou duplicada
sem autorização expressa da autora e do editor.

© 2008 by Autora

Direitos para esta edição
CORTEZ EDITORA
Rua Monte Alegre, 1074 — Perdizes
05014-001 — São Paulo-SP
Tel.: (11) 3864-0111   Fax: (11) 3864-4290
E-mail: cortez@cortezeditora.com.br
www.cortezeditora.com.br

Impresso no Brasil — abril de 2015

*Dedico este livro à memória de meu
pai, Zequinha, que soube ser, na vida
cotidiana, um grande pedagogo.*

Agradecimentos

Agradeço à professora doutora Selma Garrido Pimenta, que orientou desde o início o presente trabalho, incentivando-me a aprofundar as reflexões referentes e mantendo-me atenta e perseverante em meu papel de pesquisadora. Agradeço também seu empenho em concretizar a publicação da tese neste livro.

Sumário

Prefácio
Selma Garrido Pimenta 11

Introdução
Bernard Charlot 15

Apresentação 19

Capítulo 1 ■ Caminhos históricos da Pedagogia 25
   1. Pedagogia: ciência ou arte? 25
   2. Pedagogia como ciência 32
   3. A Pedagogia entre filosofia e ciência 53
   4. Compreensões da história da Pedagogia como ciência
      da educação 61

Capítulo 2 ■ A Pedagogia como ciência da educação 71
   1. A especificidade do objeto de estudo da Pedagogia 74
   2. A Pedagogia como ciência da educação 79
   3. A metodologia formativo-emancipatória 94

Capítulo 3 ■ Pedagogo: cientista educacional? 109
   1. Formação de pedagogos: reflexões iniciais 111
   2. Formação de pedagogos: espaço aberto 118
   3. Formação de pedagogos: mediações necessárias 122

Capítulo 4 ■ Pedagogia: Questões contemporâneas 127

   1. A Pedagogia e a construção dos saberes pedagógicos 127

   2. O que pode e deve ser a Pedagogia hoje 144

Bibliografia 151

Prefácio

A publicação pela Cortez Editora do livro *Pedagogia como Ciência da Educação* de Maria Amélia Santoro Franco não poderia ser mais oportuna. Publicado inicialmente em 2003 como re-elaboração de sua tese de doutorado defendida na Faculdade de Educação da Universidade de São Paulo, teve sua edição de três mil exemplares esgotada em cerca de dois anos na editora que o publicou anteriormente. Na atual publicação, a Autora incorpora os frutos dos intensos debates que realizou pelo país afora e as novas elaborações que pôde desenvolver, confirmando e aprofundando as premissas, teses e conclusões desde sua pesquisa inicial. De fato, o tema da pedagogia e da formação de pedagogos, que vinha sendo objeto de debates desde finais dos anos setenta do século passado, permanece em pauta mesmo após a aprovação tardia das Diretrizes Curriculares Nacionais dos Cursos de Pedagogia pelo Conselho Nacional de Educação, através do Parecer CNE/CP n. 5, de 13/12/2005 e da Resolução n. 1, de 15/5/2006, após os quase dez anos da aprovação da LDB de dezembro de 1996. Resultado das posições hegemônicas de associações de educadores que defendem a docência como base da formação de pedagogos, as atuais diretrizes consideram o pedagogo como um docente formado em licenciatura para atuar na Educação Infantil e nos anos iniciais do Ensino Fundamental, nos cursos de Ensino Médio, na modalidade Normal, e em cursos de Educação Profissional na área de serviços e apoio escolar, bem como para atuar em outras áreas nas quais se requer conhecimentos pedagógicos. Em outras palavras, o curso de pedagogia nas atuais Diretrizes ficou restrito a formar docentes e a Pedagogia ficou subsumida à docência, uma vez que expressam uma concepção simplista e reducionista da Pedagogia e do exercício profissional do pedagogo.

Com precária fundamentação teórica e imprecisões conceituais, as Diretrizes estão longe de considerar a Pedagogia como um campo de conhecimento específico da *práxis* educativa que se realiza na sociedade humana social e historicamente considerada e cujo compromisso é o de voltar-se a ela para transformá-la, como defende Maria Amélia.

Para atender a essa especificidade da práxis a autora ensina que a produção de conhecimento característica da pesquisa pedagógica há que partir da práxis educativa que ocorre na sociedade humana historicamente situada e voltar-se a ela para alimentá-la e transformá-la de modo a que a educação consiga "concretizar sua vocação humana de humanizar a humanidade, de diminuir as práticas excludentes e injustas". Os encaminhamentos decorrentes das diretrizes não conduzem a que os cursos se equipem com os conhecimentos e a pesquisa necessários para essa formação. Sequer, quiçá, para a formação de professores que propõe.

Em seu livro e na atual edição Maria Amélia vai fundo. Parte, inicialmente, da análise dos caminhos da pedagogia em sua trajetória histórica marcada ora como *arte,* ora como *ciência*, ora como filosofia e ciência, ora como *técnica aplicada* decorrente de outras ciências, ora como uma simples área de conhecimento em dependência direta das "teorias explicativas" das ciências da educação assim denominadas por aqueles que vindos de outros campos das ciências humanas subsumem e descartam a pedagogia como simples saber instrumental. Parte também de sua trajetória profissional de pedagoga e pesquisadora na área e de formadora de pesquisadores no âmbito dos cursos de pós-graduação nos quais se inseriu após seu doutorado e que têm lhe proporcionado imensa e inovadora elaboração teórica e epistemológica sobre a pesquisa em educação como atestam suas publicações recentes.[1] Parte, por fim, de sua arguta leitura crítica

---

1. Vide bibliografia.

PEDAGOGIA COMO CIÊNCIA DA EDUCAÇÃO

das demandas educacionais na sociedade contemporânea. Com esta bagagem constrói, explica e defende a Pedagogia como ciência da Educação.

Maria Amélia me procurou para orientar seu doutorado logo após a edição do livro por mim organizado cujo título publicado pela Cortez Editora em 1996 foi *Pedagogia, ciência da educação?* Seu objetivo foi o de apresentar um breve panorama do debate que vinha ocorrendo na França e em Portugal sobre o tema de modo a subsidiar, ampliar e problematizar o debate que vinha acontecendo no Brasil, e por nós tematizado no *VII Encontro Nacional de Didática e Prática de Ensino,* ocorrido em Goiânia em 1994. Partíamos das seguintes constatações: 1) A educação não tem sido tratada suficientemente como área de investigação pelas ciências da educação. 2) Quando o fazem essas ciências: investigam *sobre,* e não *a partir* da educação; não colocam os problemas da prática educativa como sua preocupação; consideram a educação como campo de aplicação; limitam-se a elaborar um discurso que deverá ser aplicado por aqueles que praticam educação. Em algumas conclusões preliminares desse estudo afirmávamos que: 1) Percebe-se, nos últimos dez anos e em diferentes países, um movimento avaliativo sobre as ciências da educação e a pedagogia, em decorrência de transformações e inovações nos sistemas de ensino, e em face de novas demandas colocadas aos educadores, na contemporaneidade. 2) A pedagogia tem se restringido a campo de aplicação das demais ciências da educação, porque ambas tenderam, no decurso deste século, a uma autonomização e positivação de seus discursos sobre a prática, levados como dogmas ou explicações desta. 3) Alguns autores postulam a importância de definir-se o estatuto epistemológico das ciências da educação e da pedagogia, como campos de saberes que se voltam para objetos específicos sobre o fenômeno educativo, admitindo-o como plural e multi-referencial. 4) Reconhece-se a importância das ciências da educação para a prática social da educação. O que leva à necessidade de se efetuar um balanço crítico, histórico-prático, da gênese das ciências da educação, explicitando suas vinculações com os contextos em que se desenvolvem suas investigações e o seu vigor teórico-metodológico, bem como a fertilidade que têm possibilitado à prática social da educação, enquanto ciências que pesquisam sobre a educação. 5) A discussão epistemológica dos anos recentes está gestando um novo entendimento da pedagogia e das ciências da educação, frente às necessidades da prática. Assim, se tem afirmado que a pedagogia, ciência da educação, diferentemente das ciências da educação, toma a prática social da educação como ponto de partida e de chegada de suas investigações. 6) A pedagogia, enquanto ciência da prática da educação, é, ao mesmo tempo, constituída pelo fenômeno que estuda e o constitui, o que aponta para uma inversão epistemológica, pois até então a pedagogia tem sido considerada um campo aplicado de discursos alheios à educação enquanto prática social. A re-significação epistemológica da pedagogia se dá a medida em que se toma a prática dos educadores como referência e para a qual significa. 7) O objeto da pedagogia é a educação enquanto prática social. Daí seu caráter específico que a diferencia das demais: o de uma ciência da prática que parte da prática e a ela se dirige. Nela a problemática educativa e sua superação constituem o ponto de referência para a investigação.

A pesquisa que Maria Amélia realizou foi além dessas questões; não apenas retirou a interrogação do título, mas pôde fazê-lo a partir do rigor conceitual, da pertinência teórica e da profundidade que empreendeu, à abordagem metodológica que adotou. Mas foi além também no debate público que instigou com e entre os educadores que vinham quase adormecendo diante dos discursos hegemônicos que havia se instaurado no país em torno da identidade da pedagogia e dos cursos de formação de pedagogos. Mais uma vez, no atual contexto pós diretrizes, que parece ter desagradado a todos, este livro, com os acréscimos que Autora aduziu, será de leitura exemplar aos professores e aos estudantes dos cursos de pedagogia, preocupados em ter na pesquisa um instrumento para a análise crítica da realidade da educação em nosso país.

São Paulo, 18 de novembro de 2007

Selma Garrido Pimenta
Professora titular da Faculdade de Educação — USP

Introdução

Atualmente estamos enfrentando um paradoxo na área da educação, quer no Brasil, quer na França (onde leciono), e provavelmente no mundo inteiro. Por um lado, dizem que a educação se tornou o assunto mais importante para o presente e o futuro das nações, mas, por outro, constata-se uma escassez de recursos nessa área, e quando o FMI negocia com um país, dessas negociações quase sempre decorre um corte no orçamento educacional.

Em relação à formação de docentes, estudos e pesquisas realçam a importância e a necessidade de transformações profundas nesse processo, mas, na prática, são poucas as mudanças que se concretizam e continua-se formando os professores às cegas — para falar a verdade, muitas vezes faz-se de conta que se formam os docentes! Não se sabe mais qual deve e pode ser o modelo de formação deles. Será que a solução se encontra na "profissionalização" ou nas novas técnicas de informação e comunicação, ou ainda na formação universitária, que transmite aos docentes os saberes desenvolvidos pelas ciências da educação? Por não saber como resolver esse problema, juntam-se vários meios de formação em centros ou institutos chamados de universitários, sem nenhuma perspectiva suficientemente ampla e ambiciosa.

Quem pode e deve ser hoje o formador de docentes?

Aos poucos a figura do pedagogo está desaparecendo do palco da formação, pedagogo este que foi historicamente encarregado desta. Esse pedagogo não tem sido, historicamente, apenas um docente, nem um pesquisador, mas um profissional reflexivo. Como defini-lo hoje? Como o especialista em pedagogia? Mas a pedagogia também está desaparecendo aos poucos.

Este é o problema que Maria Amélia Santoro Franco está levantando com coragem no presente livro. Para tanto, ela pôde se apoiar numa história pessoal rica e diversificada no domínio da educação: foi docente, diretora de escola, é pedagoga, formadora de docentes e também é doutora em educação.

Este livro tem raízes em sua experiência e numa recente tese dedicada à questão da pedagogia. É com base nessa pesquisa que a autora defende, com convicção, a idéia de que a pedagogia deve ser a ciência da educação que a nossa época está precisando. As idéias fundamentais que norteiam este livro são as seguintes:

1) A formação dos docentes precisa ser norteada, esclarecida e alimentada por uma ciência.

2) Outrora a pedagogia cumpriu esse papel, mas, aos poucos, a exigência para que se organizasse cientificamente, dentro dos pressupostos da ciência moderna, impediu que ela fosse exercida em sua especificidade histórica. Caiu na armadilha da definição clássica da racionalidade e da cientificidade. "Ao se constituir como ciência, dentro dos pressupostos epistemológicos da ciência clássica, não encontrou espaço de significação e assim foi perdendo contato com a especificidade complexa de seu objeto de estudo". Sendo assim, outras ciências apropriaram-se das pesquisas sobre a educação, descaracterizando e fragmentando esse objeto. Dessa situação decorreu uma desconexão entre teoria e prática, saberes científicos e saberes pedagógicos. Não são apenas idéias que Maria Amélia Santoro Franco está apresentando neste assunto; é mesmo uma história da pedagogia referendada por nomes famosos (Herbart, Hegel, Dilthey, Pestalozzi e os demais).

Desse modo, seu livro vale também como *história intelectual da pedagogia* e já constitui, em si mesmo, um precioso instrumento para a formação dos pedagogos e dos docentes.

3) Deve-se redefinir a pedagogia com base numa outra epistemologia. Penso que, segundo a autora, pode-se resumir as principais características dessa nova pedagogia da seguinte maneira. A pedago-

PEDAGOGIA COMO CIÊNCIA DA EDUCAÇÃO

gia é voltada para a práxis educativa e "para atender à especificidade da práxis, há que ser uma ciência que se alimente da práxis e sirva de alimento a ela". "Terá por finalidade o esclarecimento reflexivo e transformador da práxis educativa". Evidentemente, nutrir-se-á também dos saberes criados pelas demais ciências que pesquisam a educação. Deve ainda ser uma ciência "crítico-emancipatória", "de forma que a educação consiga concretizar sua vocação histórica de humanizar a humanidade, de diminuir as práticas excludentes e injustas". Enfim, o pedagogo "deverá ser pesquisador por excelência". Na verdade, a pesquisa deve se tornar a base da formação não apenas do pedagogo, mas também do próprio docente: "todos os envolvidos na prática reflexiva precisam constituir-se em investigadores no contexto da prática".

Por certo, o leitor já compreendeu que Maria Amélia Santoro Franco está propondo, neste livro, uma profunda mudança. Algumas de suas preocupações também são preocupações minhas. Na França, o foco dos debates não é a pedagogia, mas a questão das ciências da educação. Alguns pensam que as ciências da educação não podem ser senão plurais, isto é, que a própria idéia de uma ciência da educação não pode ser aceita. Desse modo, "ciências da educação" remetem a uma área organizacional da universidade, mas não podem remeter a uma ciência com especificidade epistemológica. Não concordo com essa abordagem; acredito que as chamadas "ciências da educação" constituem uma área específica, em que as várias ciências voltadas para a educação podem trocar questões e conceitos. Mas essas trocas só me parecem possíveis quando as ciências da educação passarem a preocupar-se de forma constante com as práticas (as próprias práticas, as que se encontram no dia-a-dia da sala de aula) e com os fins da educação, inclusive os fins políticos. A meu ver, a pesquisa educacional deve ser um fluxo reflexivo de questões, experiências e saberes de vários tipos, fluxo este que relaciona as várias ciências voltadas à educação e relaciona também os saberes, as práticas e as políticas educacionais. É claro que essas idéias convergem bastante com as desenvolvidas por Maria Amélia Santoro Franco no presente livro. Seja qual for a abordagem em relação à ciência ou às ciências da educação, a pesquisa sobre a formação dos docentes deve estar sempre relacionada com a produção de saberes, com a reflexão sobre o homem, com a vida, com a sociedade e, acima de tudo, com a ação transformadora.

Não é casual o fato de que eu, em minhas pesquisas, realce o problema da relação com o saber, que considero ser um conceito central à formação dos docentes, e que Maria Amélia Santoro Franco reforce a idéia de que a pesquisa deva ser o eixo predominante na formação do pedagogo e do docente. Nos dois casos, trata-se de entender melhor o mundo e, concomitantemente, transformá-lo. Tarefa que sabemos não ser fácil! É certo. É por isso que vale a pena refletir e agir. É por isso e para isso que vale a pena ler o livro de Maria Amélia Santoro Franco e refletir sobre as idéias que ela está nos oferecendo.

Bernard Charlot
Professor na Universidade Paris 8

Apresentação

A discussão da problemática da pedagogia, colocada com muita ênfase entre educadores e pesquisadores brasileiros, em meados da década de 1990, ainda está presente, com toda intensidade, requerendo respostas convincentes, corajosas e urgentes.

Em nossos ouvidos de educadores ainda ressoam, sem respostas, as perguntas colocadas, com muita pertinência, nos títulos de livros de dois importantes educadores: Pimenta, em 1996, nos convocava a refletir, perguntando *Pedagogia, ciência da educação?*, e, dois anos depois, Libâneo (1998) ampliava a questão com o título instigante de seu livro *Pedagogia e pedagogos, para quê?*

Perguntas tão importantes e que, no entanto, ainda estão aguardando novas respostas.

As discussões a respeito dessa problemática ampliam-se no meio dos educadores, surgem divergências e as controvérsias renovam-se, principalmente desencadeadas pela legislação em vigor que, ao estabelecer as diretrizes e bases da educação nacional, por meio da LDB 9.394/96, cria a figura dos Institutos Superiores de Educação, para responder, junto com as universidades, pela formação de docentes da educação básica. Essa legislação cria também o Curso Normal Superior, que deverá se responsabilizar pela formação de docentes da educação infantil e das séries iniciais do ensino fundamental. Tal legislação, em seu artigo 64, estabelece duas instâncias alternativas para a formação de profissionais da educação, nas tarefas de planejamento, inspeção, supervisão e orientação educacional para a educação básica: ou a graduação em pedagogia ou em pós-graduação.

Os dados impostos pela legislação passam a exigir movimentos e tomadas de posição perante a reformulação dos cursos de formação de educadores, intensificando, mais uma vez em nossa história da educação, a presença de uma palpável possibilidade de extinção dos cursos de pedagogia.

Esse momento histórico produz muitas inquietações, especulações e induz educadores a novas e profundas reflexões. Parece chegada a hora de grandes definições. Tem-se a sensação de que, em termos educacionais, nada mais pode ser adiado, nem as decisões podem continuar sendo superficialmente tomadas.

Há que se encontrar respostas para outras circunstâncias emergentes que estão exigindo respostas e decisões educativas: a ampliação dos espaços educativos para além dos muros da escola é uma realidade incontestável; as novas e complexas formas em que se estabelecem as relações de trabalho estão a demandar novos meios e espaços de formação dos jovens; as conseqüências sociais decorrentes da internacionalização da economia, entre outros fatores, exigem o repensar do papel da pedagogia, na direção da construção de novas mediações sociais e políticas, com vistas a um projeto de futuro digno, às novas gerações.

Aprofundar, compreender, tentar interpretar a complexa epistemologia da pedagogia poderá ser um início de caminho para o encontro de respostas mais adequadas aos desafios que estão postos.

Buscar respostas a essas questões tem sido para mim um desafio constante, nos quase trinta anos de meu exercício militante como pedagoga, em diversos espaços e contextos educativos.

É visando oferecer reflexões na busca de respostas a tais questões e contextos atuais que este livro pretende oferecer sua contribuição.

O percurso reflexivo que empreendi nesses anos de pedagoga culminou em minha tese de doutoramento (Franco 2001), onde discuto a problemática do campo conceitual da pedagogia, nas mediações históricas entre práxis e epistemologia, em direção às suas possibilidades e perspectivas como ciência da educação.

Os frutos sintetizados dessa tese encontram-se reorganizados no presente livro.

PEDAGOGIA COMO CIÊNCIA DA EDUCAÇÃO

Nos posicionamentos que coloco à discussão dos leitores, reforço a especificidade da ciência pedagógica no sentido de buscar suporte reflexivo e crítico à prática educativa, na intenção de encontrar alternativas que possam efetivar a função social da educação como instrumento de humanização da sociedade.

Para oferecer respostas à questão da identidade epistemológica da pedagogia, procurei retornar ao princípio da ciência pedagógica, refazendo alguns passos de seu caminhar histórico, olhando seu trajeto em diferentes locais, para tentar compreender as rupturas que foram ocorrendo em seu caminhar. Busquei retornar e perceber as contribuições que essa ciência foi oferecendo à estruturação dos saberes pedagógicos em diversos tempos e espaços históricos, bem como tentei compreender as mediações históricas que foram ocorrendo entre sua organização teórica e suas práticas investigativas.

Minhas reflexões tiveram a finalidade de retornar a outros tempos e espaços para tentar avançar no impasse em que nós, educadores, nos encontramos hoje e que nos impede de termos respostas consistentes a questões fundamentais, tais como: *o que pode e deve ser hoje a pedagogia? A que necessidades sociais ela deve responder? A que específico objeto deve focar sua ação? De que métodos de investigação precisará se utilizar, para tornar pertinente sua ação, no sentido de concretizar seu papel social?*

Sem respostas a tais questões fica difícil trabalhar. Como se pode, por exemplo, organizar um curso de pedagogia sem ter respostas consensuais, científicas e aprofundadas a essas questões? Como fazer frente às investidas oficiais que insistem em demonstrar a desnecessidade da pedagogia sem ter clareza de seu específico epistemológico? A quem destinar a formação de docentes, se não houver uma ciência com saberes consistentemente estruturados a dar suporte aos pressupostos formativos desejados?

Proponho que as indagações *por que não ser a pedagogia a ciência da educação? Por que não considerá-la a ciência que estuda, compreende, esclarece, transforma e orienta a práxis educativa?* permeiem o livro como eixo reflexivo.

Com essas questões pretendo, neste trabalho, abrir espaço para que novos parceiros ampliem e aprofundem a reflexão aqui empreendida, na esperança de ver esforços se juntarem, de modo livre, generoso e ousado, na reconfiguração da "profissão pedagogo", na formação de investigadores da educação, de professores crítico-reflexivos.

Quero ter a esperança de que a pedagogia ainda vai cumprir seu ideal e desejo apostar que o rigor cotidiano da reflexão pedagógica poderá requalificar a práxis educativa, na perspectiva de superação dos complexos problemas que têm, historicamente, impedido a educação brasileira de se exercer na direção da organização e na construção de alternativas que emancipem nossa sociedade dos mecanismos perpetuadores das condições de exclusão, injustos e alienantes, impostos à nossa sociedade.

O livro está estruturado em quatro capítulos:

No primeiro capítulo — "Caminhos históricos da pedagogia" — discuto os caminhos históricos da pedagogia enfocando que, historicamente, ela foi tratada quer como arte da educação, ciência da educação ou ciência da arte educativa e que essa triplicidade conceitual originária pode estar, desde então, configurando as bases da indefinição de sua epistemologia, que a marcará em seu percurso histórico até os dias atuais. Aborda ainda as diferentes configurações que a pedagogia científica foi tomando e culmina com a consideração de três grandes concepções que a marcaram: a pedagogia filosófica; a pedagogia técnico-científica e a pedagogia crítico-emancipatória.

No segundo capítulo — "A pedagogia como ciência da educação" — busco organizar as bases dessa ciência, analisando a especificidade de seu objeto e, em decorrência, aprofundo os sentidos conceituais e políticos da práxis educativa, da práxis pedagógica, buscando superar a dualidade entre arte e ciência da educação, para configurá-la como a ciência que transforma o senso comum pedagógico, a arte intuitiva presente na práxis, em atos científicos, sob a luz de valores educacionais, garantidos como relevantes socialmente, em uma comunidade social.

No terceiro capítulo — "Pedagogo: Cientista educacional?" — discuto as alternativas de formação do profissional de pedagogia e realço as possibilidades de formação de um profissional crítico da práxis educativa, investigador por excelência, em contraponto à for-

PEDAGOGIA COMO CIÊNCIA DA EDUCAÇÃO

mação do professor crítico e reflexivo, que deve se organizar a partir de toda complexidade da práxis educativa e das demandas do mundo contemporâneo.

O quarto capítulo: "Pedagogia: questões contemporâneas" é um capítulo novo que foi adicionado ao livro para esta nova edição. Nele reflito primeiramente a questão dos saberes pedagógicos, respondendo a solicitações de docentes para a explicitação das possibilidades da Pedagogia, como ciência da educação, na construção de saberes pedagógicos que possam subsidiar uma prática docente, menos espontaneísta e mais consistente, de forma a se adequar às complexas demandas do mundo atual. A seguir, discuto o que pode e deve ser a Pedagogia hoje, pós estabelecimento das diretrizes curriculares, pelo Conselho Nacional de Educação[1], retomando a questão de uma nova e necessária profissionalidade pedagógica.

Acredito que as idéias postas em discussão neste livro possam oferecer subsídios ao debate hoje enfrentado pelos educadores brasileiros que, pressionados pela nova legislação educacional, têm tido a necessidade e a urgência de aprofundar reflexões e decisões a respeito da formação de educadores.

Acredito ainda que esta proposta possa contribuir para enriquecer o debate referente à necessária formação de professores, de forma inicial e contínua, dentro dos princípios da racionalidade crítica, emancipatória.

Pesquisas e estudos sobre o processo formativo docente estão requerendo procedimentos científicos, saberes fundamentados, metodologia própria, de forma a se construir um corpo de referências, de conhecimentos, de procedimentos, que venham a fazer dessa nova linha de pesquisa não mais um modismo educacional, mas uma forma de reconstruir caminhos consistentes para a educação, superando as históricas mazelas que redundam nas questões de fracasso escolar, de inadequação da escola e na desvalorização da pedagogia.

Mais uma vez eu pergunto e deixo mais estas indagações como eixos reflexivos: se não é a pedagogia, como ciência da educação, a

_____

1. Parecer CNE/CP 5 de 13/12/2005 e da Resolução I de 15/05/2006.

condutora e a operacionalizadora desse movimento de formação de professores reflexivos, qual outra ciência pode assumir esse papel? E ainda pergunto: diante dos enormes problemas da complexidade da prática educativa, qual outra alternativa a se tomar senão a proposta dessa nova racionalidade crítico-reflexiva em relação à formação de professores? E como transformar essa proposta em projeto educacional? Quem poderá assumir a condução desse projeto senão a pedagogia?

Acredito que nós, pedagogos, precisamos investir com coragem na reinvenção de nossa profissão. Se neste momento histórico não quebrarmos antigos paradigmas e não soubermos reinventar o novo, perderemos, talvez, a possibilidade de humanizar as práxis educativas e portanto perderemos, mais uma vez, a chance de dar novas perspectivas formativas e novas possibilidades de convivência solidária às gerações futuras.

Espero que este livro possa auxiliar-nos na reconstrução de uma nova profissionalidade pedagógica que, embasada nas raízes históricas dessa ciência, nas conquistas e lutas de muitos educadores e nos projetos latentes da sociedade contemporânea, permita-nos ter a lucidez e a ousadia de poder "reconhecer o que está morto naquilo que parece vivo e, ao mesmo tempo, poder detectar os germes do renascimento" (Maffesoli, 1998).

CAPÍTULO 1
Caminhos históricos da Pedagogia

> *A vida só apreende a vida pela mediação das unidades de sentido que se elevam acima do fluxo da história.* (Dilthey, 1940: 12)

Pedagogia: Ciência ou arte?

A pedagogia é reconhecida em suas origens como a ciência da educação. Quando nos detemos a observar os livros clássicos de pedagogia,[1] podemos perceber que há pouca divergência entre os autores: quase todos a consideram como sendo ciência da educação.

No entanto, nesses mesmos manuais, percebe-se claramente que, para além de ciência, há uma tendência a considerá-la também como arte. Assim, muitas vezes a pedagogia é conceituada como a ciência e a arte da educação, ou mesmo a ciência da arte educativa.

A princípio, essa questão de se considerar a pedagogia ora como ciência da educação, ora como ciência e arte concomitantemente, ora

---

1. Bouchon, 1964; Compayré, 1911; Debesse e Mialaret, 1974; Hubert, 1959; Leif e Rustin, 1956; Luzuriaga, 1969; Monroe, 1972; Patrascoiu, 1930; Planchard, 1963; Siméons, 1922, entre outros.

ainda como a ciência da arte educativa, parece uma questão de menor importância. Mas não é tão simples assim. Tenho muita convicção de que essa triplicidade conceitual, nem sempre bem articulada historicamente, carrega as indefinições do campo de conhecimento dessa ciência, desde a origem do termo, até a estruturação de seu campo científico.

Acredito ainda que a problemática que hoje enfrentamos ao refletir sobre a identidade da pedagogia está entrelaçada com essa indefinição inicial, a qual traduz e expõe o germe da histórica dubiedade epistemológica dessa ciência. Não me refiro à questão de oposição entre científico e artístico; mas ao fato de que essas ações, o ser ciência e o ser arte, sofreram alterações de sentido, em seu processo de transformação histórica, configurando um problema crucial à pedagogia em todas as épocas, e ainda não equacionado, qual seja: a questão da articulação da teoria com a prática, a questão da ciência da prática que não será a tecnologia, a questão de encontrar o espaço da pedagogia na interseção dessas contradições.

Portanto, considero muito pertinente aprofundar um olhar sobre as razões históricas dessas colocações, visando encontrar caminhos elucidativos que permitam uma melhor compreensão das possibilidades científicas da pedagogia hoje.

Para verificar como os educadores brasileiros conviviam com essa questão da pedagogia ser ou não ciência, ser ou não arte, iniciei uma pesquisa nas obras de estudiosos da pedagogia no Brasil, mais ou menos à época da instituição dos cursos de pedagogia no Brasil (1939), portanto, décadas de 1930 ou 1940, mesmo sabendo da restrita produção nacional nesse tema. Queria perceber como a questão da pedagogia, ciência da educação, estava sendo, naquela época, interpretada pelos que trabalhavam na educação, na formação de professores, na organização dos cursos de pedagogia.

Iniciando a pesquisa nas obras de educadores brasileiros, encontro um *Tratado de pedagogia*, de monsenhor Pedro Anísio (1934), no qual o autor coloca, com toda convicção, ser a pedagogia a ciência da educação, uma vez que se funda na observação e na experiência, tendo um objeto próprio, que é a educação, e possuindo "exato conhecimento do que se quer educar e aperfeiçoar".

Discorrendo sobre o caráter dessa ciência, diz que a pedagogia não é um amontoado de noções vagas e indecisas, mas possui princípios gerais estabelecidos com o máximo rigor, "conhecimentos coordenados e sistematizados que constituem um corpo compacto de doutrina" (Anísio, 1934: 27).

Considero muito importante verificar que há, para o autor, uma preocupação com a questão que nos envolve, pois afirma que a pedagogia, "mesmo sendo ciência, tem em comum com a arte, a atividade prática, fabricadora" (Anísio, 1934: 37), não se restringindo à teoria, mas também "formulando regras diretivas da obra educativa". O autor reforça o caráter teórico-prático da pedagogia, realçando que esse caráter não lhe tira a cientificidade. É preciso, no entanto, que se faça a distinção entre ciências especulativas e ciências práticas. O que ocorre, segundo o autor, é que "por não entender bem a distinção entre ciências especulativas e práticas foi que surgiram as intérminas questões sobre se a Pedagogia é arte ou ciência (...) contendas aliás, que já não têm razão de ser, se afirmarmos que a Pedagogia é uma ciência normativa" (id.: 37).

Parece aqui evidenciado, na interpretação do autor, que ser ciência e arte não é um ponto pacífico, e a questão parece ter desencadeado, ainda em sua interpretação, posturas excludentes: ser ciência não comporta ser simultaneamente arte.

Pelo raciocínio desse autor o conflito se desfaz se considerarmos a pedagogia uma ciência normativa. Sendo ciência normativa, lançará mão de meios para se realizar e não precisa ser arte, a arte será prerrogativa dos meios utilizados pela pedagogia. À pedagogia, como ciência, caberá a reflexão dos fins e a busca de meios para a concretização da educação. Mas o autor ainda reflete que aqueles que negam à pedagogia o caráter de ciência fazem-no sob o argumento de que falta à pedagogia unidade intrínseca. Ele rejeita essa idéia ao afirmar que a ciência não é um aglomerado de noções, mas sistematização de conhecimentos, um todo orgânico, coerente, em que vários elementos são, entre si, vinculados a um princípio superior: "a sua unidade vem da forma, do aspecto debaixo do qual estuda os vários assuntos e não da matéria, que pode ser comum a diversas ciências" (Anísio, 1934: 39). Com isso ressalta que não importa que a pedagogia se ocupe de matérias de outras ciências, pois nenhuma delas a considera sob o prisma da educação da criança. Completa afirmando que o essencial para a pedagogia é a finalidade educativa, seu específico, o que lhe dá um forte caráter ético-social. Conclui que o objeto da pedagogia é o homem em formação, portanto um objeto complexo, que requer do pedagogo uma formação diferenciada, para saber buscar, sem se perder de seu objeto, elementos auxiliares, em ciências afins.

Parece claro ao autor que a utilização de conhecimentos, teorias, meios, instrumentos de outras ciências não altera a cientificidade da pedagogia, pois a ótica da análise e da inclusão de outros elementos se fará pela ciência pedagógica.

Considero um raciocínio adequado, uma vez que, se não todas, a maioria das ciências acaba sempre requerendo saberes e conhecimentos de outras ciências. Um caso típico muito citado nos manuais de pedagogia da época é a medicina, que se exerce a partir de diversos conhecimentos subsidiários de muitas ciências como, por exemplo, a química, a biologia, a física, a psicologia, entre outras, e nem por isso perde sua identidade, ou perde-se nas outras identidades. Ao contrário, muitas vezes, ao absorver formas e métodos de outras ciências, enriquece-se e qualifica-se.

Verifica-se que, pela ótica de um pedagogo, nordestino, brasileiro, em plena década de 1930, a pedagogia continua sendo considerada a ciência da educação. Percebe-se ainda que algumas sugestões sobre o caráter dessa ciência, bem como sua convivência interdisciplinar com as demais ciências, já estão colocadas.

Outra obra interessante que deparei em minha pesquisa foi a de Andrade Filho (1957), e chama-me a atenção sua colocação inicial, introdutória ao livro: "se há matéria em que se sinta desamparado o estudante do curso normal (...) é a Pedagogia". Achei interessante a questão do desamparo e sua justificativa posterior:

> Estudos outros, ainda que de difícil compreensão por sua natureza profundamente científica como a Biologia e a Psicologia, acham muito maior receptividade junto aos alunos (...). já a Pedagogia, muito menos teórica, livre do rigorismo e minuciosidade da ciência, assume,

PEDAGOGIA COMO CIÊNCIA DA EDUCAÇÃO

entretanto, *aspecto tão vago, que nem se sabe bem o que seja.* (Andrade Filho, 1957: 27, grifos meus)

O autor explica que a matéria pedagógica é imensamente vasta e complexa. A literatura disponível, esparsa e difusa, as opiniões sobre ela, as mais díspares. Completa enfaticamente o autor: "Enfim, não se trata de ciência positiva e sim a mais declarada lucubração filosófica". Ainda completa: "Todos sabem disso, nem há afirmativa em contrário!". Considero importante o desabafo do autor situando a pedagogia num patamar de importância "mesmo sem ser ciência positiva!". Mais adiante, o autor explica-se melhor ao dizer que cabe à pedagogia oferecer direção para certa atividade humana: a educação. Assim considera que, do ponto de vista do conteúdo, a pedagogia precisa agir filosoficamente, mas "como a filosofia, mesmo sem ser ciência, merece o qualificativo de científica" (Andrade Filho, 1957: 30).

Já se pode notar o incômodo do autor diante da impossibilidade de encaixar a pedagogia dentro dos cânones da ciência moderna. E, refletindo, analisa que a atividade educativa, historicamente, estruturava-se a partir do fazer prático; havia criação e espontaneísmo. Para então concluir que o advento da cientificidade vai retirar da ação docente aquilo que deve ser artístico e artesanal: o saber-fazer docente.

A partir do empirismo profissional surge a necessidade de experiências, experimentos, fazer ciência. O autor realça que os pedagogos não foram formados para os laboratórios, para as pesquisas. Surge a necessidade de buscar auxílio com os profissionais que sabem pesquisar, no sentido de fazerem experimentos: os sociólogos, os psicólogos. Alerta o autor que, a partir de então, o fazer pedagógico vai perdendo o sentido de criação, vai se limitando, empobrecendo, mudando o perfil dos professores que, de criadores da prática, passam a ser aplicadores de descobertas de outrem, sem perceberem sentido ou significado no que fazem. Enfatiza o autor: "pode haver experimentos, mas há que haver a ação pedagógica sobre eles" (id.: 39).

Considero extremamente importante essa observação quase casual do autor: para ser ciência, são necessários experimentos e o pedagogo não está preparado para tal. Seu campo de atuação passa a ser invadido por profissionais que sabem construir experimentos que, no entanto, pouco valem para melhorar a educação, pois tais experimentos carecem da ótica do pedagógico. A ação dos professores vai se alterar, sua espontaneidade e criatividade ficarão comprometidas. Enfatiza: "O professor tem que ir à prática, com olhos de ver e precisa liberdade para se exercitar como artista da prática" (Andrade Filho, 1957: 31, grifos meus).

Parece que seu raciocínio pega num ponto fundamental à descaracterização da pedagogia como ciência orientadora da prática, ao mesmo tempo em que, paradoxalmente, se busca cientificizar sua prática, seus argumentos indicam que há um verdadeiro movimento para qualificar como séria a atividade de fazer experimentos e, com isso, ignora-se o saber-fazer intuitivo/empírico: impõem-se normas que nada têm a ver com a necessidade da prática; anulam-se os fazedores da educação, os fabricadores da prática. E como professores e pedagogos não sabem manipular os equipamentos das experiências, há que se chamar outros profissionais mais qualificados para essa tarefa, que adentram a área educacional com outros objetivos, nem sempre pedagógicos.

O autor reflete muito em seus textos sobre a predominância dos experimentos, que se tornam leis e se sobrepõem à prática. Ele discorda do modo como a atitude científica impregna a teoria e a prática pedagógica. Parece um lamento de quem sabe e percebe a inevitabilidade do progresso científico, mas pressente que sua incorporação à ação pedagógica está sendo feita de modo acrítico, produzindo descontinuidades e fissuras no saber pedagógico já construído e marginalizando o professor e o pedagogo que, carentes dos meios tecnológicos requisitados ao cientista experimentador, oprimem-se e sucumbem ao saber-fazer de outrem. O autor cita exemplos do cotidiano: analisa a famosa experiência com ratinhos no labirinto e as decorrentes *leis da aprendizagem*, que tanto foram enfatizadas na formação e na orientação da prática docente: a famosa *lei do efeito*, diz ele, transformou-se diretamente em norma pedagógica!

Critica também os testes de QI decorrentes dos estudos científicos de Binet e Simon e sua aplicação pedagógica: homogeneizar as

PEDAGOGIA COMO CIÊNCIA DA EDUCAÇÃO

classes. Reclama enfaticamente ao considerar que um aluno na escola não pode ser meramente considerado como "uma inteligência frente a um teste! Daí fracassos inesperados, onde êxitos eram de prever!". Evidenciando ainda que uma diferença quantitativa, medida pelos psicólogos, deve ser vista como uma dimensão "pedagogicamente qualitativa!" (Andrade Filho, 1957: 40).

Podemos até, corroborando com o autor, citar exemplos mais contemporâneos, como no caso da teoria de Piaget. Aos pedagogos e professores coube sempre arrumar uma prática *construtivista* de forma a dar conta da teoria psicogenética. Na realidade, verdadeiro absurdo e desrespeito ao saber-fazer do professor.

Essa análise de Andrade Filho é bem referendada por Dilthey (1940), que afirma que o progresso da pedagogia científica realizou-se no século XVIII, de Comenius a Herbart, e que a teoria do método provocou em todo mundo o espírito do experimento. O autor considera que houve um enorme entusiasmo pela experiência pedagógica, que assim se transforma em ensaio pedagógico.

As questões aqui colocadas indicam que o processo de cientificizar a pedagogia, dentro do paradigma da ciência empírica, acarretou, de um lado, muito entusiasmo e novas perspectivas à ciência pedagógica e, de outro, impôs fissuras em sua concepção epistemológica, desconforto no saber-fazer de professores e muitas dúvidas a serem resolvidas pela história.

A pedagogia, para se fazer ciência, precisou adequar-se à lógica que presidia a ciência da época e isso implicou sistematizar sua ação prática, com base nas teorizações dos experimentos possíveis ao momento histórico, realizados e presididos por outros profissionais, inicialmente os psicólogos que, por força de sua formação, dominavam o manuseio de instrumentos experimentais. Isso acarretou um caminhar da pedagogia na direção da não-consideração do saber-fazer da prática educativa, território do exercício artesanal dos artistas da prática, quais sejam, os educadores, pedagogos e professores. Dessa forma ela se organiza como ciência empírica, limitando o exercício artístico de seu objeto de estudo, qual seja, a prática educativa.

Pedagogia como ciência

Vamos aprofundar um pouco as condições que organizaram a pedagogia como ciência e assim, iremos juntando elementos que nos auxiliarão a compreender melhor as bases de sua epistemologia.

O clima histórico do final do século XVI entusiasma a busca de invenções, o domínio da natureza, a esperança no progresso da humanidade e instiga também alguns educadores a rever a atividade escolar e a introduzir no ensino os novos métodos de investigação da ciência. Assim, tentando superar os enormes problemas que a educação alemã apresentava, surgem os educadores W. Ratke e Comenius que, procurando dar um caráter científico à prática pedagógica, criam novas propostas à educação da época. Criam formas diferentes de organização das atividades de sala de aula. Essa tarefa de adentrar a sala de aula com procedimentos organizados, sistemáticos, foi conhecida como didática.

Alguns autores, como Patrascoiu (1930), consideram que a pedagogia científica surgirá como apêndice a essa didática, que abrangia apenas a instrução, mas que a pedagogia como ciência deveria abarcar toda a educação.

Assim diz o autor: "A Pedagogia adquiriu então (metade do século XVIII) o significado geral de ciência da educação, sendo que a Didática (ensinar) restringiu sua extensão ao objeto especial que havia motivado sua criação: a instrução" (Patrascoiu, 1930: 15).

Quem referendou à pedagogia sua qualificação de ciência da educação foi Herbart, ao publicar seu célebre tratado, no final do século XVIII, considerado a primeira obra científica da pedagogia. Herbart dá à psicologia a base experimental que funcionará como propedêutica à pedagogia, imprimindo a esta a orientação ética da educação.

Assim, Herbart é considerado o criador da pedagogia científica. No entanto, é interessante notar que o autor valoriza muito a questão da arte pedagógica, chegando a afirmar que a prática educativa não poderá se transformar em *arte pedagógica* sem estruturar-se num sistema organizado de princípios, em torno de fins e métodos da educação, enfim, sem fundar-se numa ciência pedagógica.

É importante verificar que Herbart pretende uma cientificização que qualifique a *arte pedagógica*, portanto uma possibilidade de ciência (como organização, como sistematização) para uma pressuposta tarefa que comporta um saber-fazer que é artístico, artesanal, que é próprio da criação, do espontaneísmo (a prática educativa). Sua proposta inicial não busca separar ciência e arte da educação, mas sim busca uma ciência que se organize para compreender e qualificar a imanência do artístico na realização da prática educativa.

Pode-se perceber que, desde o início de sua cientificização, a ciência pedagógica impregna-se do dilema entre ser ciência e continuar com sua especificidade de ser arte. Não se trata de uma questão de oposição entre científico e artístico; mas trata-se de considerar que o ser ciência e o ser arte estarão, por certo, em processo de transformação histórica, configurando um problema crucial da pedagogia em todas as épocas e ainda não equacionado, qual seja: a questão da articulação da teoria e da prática, a questão da ciência da prática que não será a tecnologia, a questão de encontrar o espaço da pedagogia na interseção dessas contradições.

Herbart tenta superar tais contradições mesclando a ciência com a filosofia e incorporando como via auxiliar a psicologia. O autor havia aprendido com Kant que o ponto de partida da filosofia é a experiência, mas não o ponto de chegada, pois é muito importante a análise crítica dos dados da experiência, com o intuito de purificar esses dados de suas contradições. Para ele, cabe à filosofia superar as contradições da experiência. Sua pedagogia científica baseia-se numa doutrina filosófica que é a *psicologia do mecanismo das representações*. Para Herbart, o educador deve formar o caráter moral do estudante, com base no desenvolvimento de sua vontade. A seu ver, isso só é possível com a *instrução educativa*: "a instrução forma primeiramente o complexo de idéias, a educação o caráter; mas a educação é nada sem a instrução".[2]

Em sua proposta, realça o valor da vontade e do interesse, bases da formação do conhecimento. Caberá à tarefa de ensino organizar os

---

2. Herbart apud Sciacca, 1966, p. 77.

interesses e desenvolver a vontade direcionando-a à formação do caráter moral do educando. É aqui que a ética se enxerta na pedagogia e requer os conhecimentos da psicologia da aprendizagem para poder bem exercer a instrução educativa. Percebe-se então a questão que, para Herbart, justifica-se ser a psicologia propedêutica[3] à pedagogia.

Vale a pena refletir: em que se fundamentou a ciência pedagógica? Quais os pressupostos de cientificidade propostos por Herbart? Pode-se perceber que a pedagogia foi fundada, como ciência, a partir da organização da instrução, tal como haviam feito Comenius e Ratke, dando origem à didática.

Pode-se dizer que com Herbart inicia-se uma postura de positivismo na ciência da educação,[4] e, paradoxalmente, inicia-se um fechamento do horizonte da pedagogia como ciência. Se até então se utilizava a pedagogia como ciência da educação — educação no sentido lato — e a didática para referir-se aos processos de instrução — ação formal da escola —, Herbart acaba fazendo uma redução do educacional ao instrucional (ensino formal) pressupondo que da instrução se organizará a educação. O autor não considera que seja por meio dos ideais da educação que deverão emanar as necessidades a serem resolvidas pelo ensino. Herbart inverte esta questão e centraliza a proposta científica da pedagogia na instrução.

Há que se verificar que estamos diante de uma questão epistemológica essencial: ou consideramos a educação como projeto global, político, de formação de cidadãos, que reivindica meios de ensino para concretizar-se, ou consideramos, conforme Herbart, que será a instrução que deve organizar as percepções individuais no processo de ensino e que serão essas percepções que irão, na totalidade, compor a educação ("a educação é nada sem a instrução", id., ibid.).

---

3. No sentido original, etimológico: *propedeutikós*, sendo *pro* = antes e *deutikós* = ensinar, traduzido como introdução a uma ciência, prolegômenos de uma ciência; instrução preliminar.

4. Se considerarmos, conforme Japiassu e Marcondes (1996), que num sentido mais amplo o termo *positivismo* pode designar doutrinas filosóficas do século XIX que se caracterizam pela valorização de um método empirista e quantitativo, pela defesa da experiência sensível como fonte principal do conhecimento, pela hostilidade em relação ao idealismo e pela consideração das ciências empírico-formais como paradigmas de cientificidade e modelo para as demais ciências.

PEDAGOGIA COMO CIÊNCIA DA EDUCAÇÃO

São posturas diferentes que decorrem de posicionamento divergente na questão da construção da realidade e que pressupõem papéis divergentes à pedagogia. Ou seja, quando considero que a educação deve organizar-se em torno de um projeto político-social, cabe à pedagogia, como ciência da educação, ser a mediadora entre as demandas políticas e as expectativas e interesses emanados da práxis educativa. Se, por outro lado, considero, conforme Herbart, que a educação se concretiza na instrução, caberá à pedagogia um papel menor, mais diretivo, menos dialético e, por certo, pouco transformador.

Minha concepção é a de que, à medida que a proposta de instrucionalização da prática se expandiu,[5] a preocupação com a educação como processo social, como projeto intencional de transformação social, como objeto de estudo, foi sendo gradativamente deixada para segundo plano, pelos próprios pedagogos. Mas isso ocorreu mais em países que não tiveram uma forte tradição de uma pedagogia com ancoragem na filosofia.

Isso fica claro quando observamos a construção de sentido da pedagogia científica na Alemanha. Lá a pedagogia não se estruturou cientificamente a partir de Herbart, mas permaneceu longo tempo mantendo as características de uma pedagogia humanista,[6] talvez pelo forte peso da tradição alemã de fundamentar a educação na reflexão epistemológica, e também pelo forte impacto que os filósofos Kant, Fichte, Hegel, Schleiermacher, Dilthey haviam deixado nas discussões educacionais, bem como o resgate produzido nos sentidos de

---

5. Isso não me parece que tenha ocorrido com Herbart, embora seja com ele visualizada essa possibilidade, mas me parece que esta proposta se ampliou, a partir da influência americana, como veremos adiante.

6. Wulf (1997), quando se refere à Pedagogia Humanista, parece reportar-se às decorrências do movimento filosófico do Romantismo à Pedagogia. O romantismo caracteriza-se entre outras coisas, pela valorização do sentimento, ou como se expressa Severino (1994, p. 62), ao afirmar que o desdobramento da síntese kantiana deixou uma dupla herança: "uma que, via Fitche, Schelling e Hegel, voltou à metafísica idealista, priorizando novamente o sujeito e a intuição intelectual; a outra, priorizando o objeto e a experiência sensível, se desenvolve como uma justificativa epistemológica à ciência, sobretudo com Comte". A primeira via corresponderia ao que estamos chamando de movimento romântico na pedagogia.

liberdade e espontaneidade na educação através de Pestalozzi e Fröebel.[7]

Herbart considera a pedagogia como ciência filosófica que tem como objeto o *governo das crianças*. Dessa forma a cientificidade da pedagogia não é reduzível à cientificidade das ciências naturais, já que, por versar sobre o homem, integra a filosofia prática, a teoria e a prática, e necessita da reflexão filosófica. Já a psicologia é vista por ele como pesquisa experimental que usa modelos explicativos do tipo mecânico e matemático. Percebe-se nessa colocação que, apesar de requisitar a psicologia e a filosofia como ciências subsidiárias à pedagogia, mantinha-se em Herbart a convicção de ser a pedagogia uma ciência filosófica que deveria conjugar teoria e prática, arte e ciência, utilizando-se para tanto da psicologia experimental. Considero que o autor não supunha, a princípio, a transformação da pedagogia em ciência experimental. A cientificidade que Herbart propunha à pedagogia não era a mesma cientificidade que indicava à psicologia. Como veremos, a história dá outra interpretação a essa questão, ou seja, se não era sua intenção inicial, passou a ser assim interpretada.

A Pedagogia científica: diferentes configurações

Com o passar do tempo, a pedagogia científica iniciada por Herbart vai assumindo diferentes configurações, num jogo dialético e contínuo de múltiplas determinações. Altera-se com a estruturação do primeiro estatuto científico à pedagogia, realizado pelos seus discípulos — especialmente Ziller e Rein — e incorpora diversas reações que colocam em discussão esse pressuposto positivista à pedagogia. Decorre daí a expansão diferenciada de diversos movimentos "ativistas", produzindo duas fortes vertentes à epistemologia da pe-

---

7. Quando fazemos estas observações temos que desconsiderar o período nazista, no qual a pedagogia apoiada em todos os princípios da manipulação de comportamentos e consciência fez-se a mais típica antipedagogia, ao servir à destruição e opressão humanas, abandonando a essência de sua epistemologia, qual seja, a emancipação de homens num sentido de criação de humanidade.

PEDAGOGIA COMO CIÊNCIA DA EDUCAÇÃO

dagogia: a) a organização da pedagogia pragmatista-utilitarista com Dewey, ex-aluno de Ziller e b) a pedagogia dialética, introduzindo as bases de uma filosofia da práxis. A seguir incorpora a influência da psicologia cognitivista, compondo novos perfis à epistemologia da pedagogia, bem como sofre a influência do empirismo na Alemanha e dos caminhos tomados pela pedagogia científica na França.

Giles (1982) coloca de maneira bem explícita a questão da expansão da pedagogia científica. Analisa o fato de que, no século XIX, as ciências tornam-se cada vez mais cruciais para incrementar a indústria em fase de expansão cada vez mais acelerada. Essa sociedade que se industrializa rapidamente acaba requerendo da educação a formação técnica de jovens e adultos para preencherem os cargos requeridos nessa nova fase da industrialização. A Alemanha é, nesse momento, o principal centro de pesquisas científicas.

De início, as pesquisas científicas não eram instrumentadoras apenas do processo industrial; elas se organizavam em torno do ideal orgânico da relevância social das ciências. Após os movimentos revolucionários de 1848, indústrias e governos passam a não mais se interessar por essa relevância social das pesquisas e passam a exigir lucros e conformidade social. Os homens de ciência amoldam-se a essas condições e assim os institutos de pesquisa vão se especializando cada vez mais e se afastando da questão do valor social da ciência.

Esse ideal é expresso pelo fundador do positivismo, Auguste Comte (1798-1857). Para Comte, o acesso ao conhecimento só se fará pelo método da experimentação que se organiza por meio da observação direta da experiência sensível.

O ideal positivista é assumido pela maioria dos países europeus e colônias, especialmente na Prússia (1869), Inglaterra (1880), França (1882) e Estados Unidos (1850-1918), que transformam seus sistemas nacionais de educação sob essa direção.

Há de se considerar que esse novo pressuposto da pedagogia científica, com base no positivismo, vem atender à necessidade de laicizar a educação, expandir seus domínios, difundir e consensualizar os valores burgueses, afirmar-se como ciência, dando-lhe uma nova feição epistemológica: deixa de ser filosofia e passa a ser ciência com dois enfoques básicos — o enfoque científico-técnico e o enfoque histórico-crítico. Paralelamente, vê-se crescer dois modelos de configuração social antagônicos: o da burguesia e o dos proletários, inspirados, um no positivismo técnico-científico e o outro no histórico-crítico, determinando valores diferentes à ação pedagógica. Ambos ideológicos. Um deles irá se desenvolver a partir de Comte, e o outro, decorrente de posições socialistas, irá desembocar na obra de Marx e Engels.

Importa para o momento que há um grande contingente a ser escolarizado e precisa-se de professores que deverão ser formados rapidamente e com custo baixo. Nada de muitas experimentações e reflexões. Será preciso um sistema eficiente e em larga escala. Escreve Giles (1982) que a solução vem da Prússia, inspirada numa tradição que se deve a Kant: o sistema de seminários pedagógicos.

A concretização desse projeto ocorre na Universidade de Leipzig, graças ao titular da cadeira de psicologia: Tuiskon Ziller (1817-1882), um dos discípulos de Herbart.

> Ziller abre o caminho, propondo considerar o processo *educativo como Ciência e a Pedagogia como Tecnologia*. Ele formula essas idéias em "Introdução à Pedagogia Geral" ("Einleitung in die Allgemeine Pedagogik"). (Giles, 1982: 241, grifos meus)

É importante verificar que culturalmente, naquele momento, negava-se à ciência o seu papel de reflexão, o seu papel social de oferecer alternativas à emancipação humana, uma vez que dela esperava-se que funcionasse como colaboradora na organização de lucros e estabilidade social do Estado. Supunha-se que a tecnologia fosse o produto instrumental dessa ciência, até porque acreditava-se que a própria tecnologia fosse a emancipadora dos homens.

Assim, a pedagogia, como ciência emergente da época, não poderia escapar de assumir essa nova identidade epistemológica de se fazer produtora de tecnologia, racionalizando ações pedagógicas e distanciando-se de reflexões sobre valores voltados à boa convivência, à compreensão de processos ético-sociais, à interpretação e à fundamentação de novos sentidos de solidariedade e justiça entre os homens.

Ziller requisita a aplicação de princípios científicos à prática pedagógica, organizando estratégias que garantam a previsibilidade de seus resultados. Ziller retorna a Herbart, exclui as idéias de Herbart sobre a formação moral, aceita a idéia de "professor interventor", que terá como objetivo fundamental estruturar as idéias confusas das crianças, seguindo as bases de uma psicologia natural.

Em outra obra (*Fundamentação da doutrina da instrução educacional*),[8] Ziller reformula as idéias de Herbart, introduzindo os princípios do positivismo e dando à pedagogia bases mecanicistas. Essa obra torna-se a base da formação em massa dos professores. Ziller considera que é preciso inculcar a moral nas classes por ele consideradas "inferiores". Formula um programa de estudos para atingir o povo.

Um antigo aluno de Ziller, Wilhelm Rein, elabora na Universidade de Jena um programa de estudos para a escola do povo. Esse programa, em forma de manual, apresenta o planejamento das aulas, seguindo o princípio empírico do raciocínio indutivo.

O método de Herbart, alterado por Rein, torna-se o modelo de preparação de professores nos Estados Unidos, em razão da influência de alunos de Rein: Charles de Garmo, Charles e Frank McMurrey e, especialmente, John Dewey. Este último foi o principal reformador do sistema de ensino americano, tendo influenciado muitos países, inclusive o Brasil, com sua obra educativa.

Cabe realçar que esses estudos dos discípulos de Herbart influenciaram muito mais a prática pedagógica americana do que a prática pedagógica alemã que, como se verificou, tinha raízes muito fortes na filosofia.

McMurrey, psicólogo americano, aluno de Rein, estrutura o papel do professor como orientador da percepção do aluno, objetivando que a criança perceba o que precisa ser percebido e consiga, por meio da indução lógica, formular verdades gerais. Segundo esse autor, os livros devem ser bem organizados, seqüencialmente dispostos, com noções bem divididas, aos poucos e bem fragmentadas. O objetivo do

---

8. Não consegui referências à data dessa obra; inferi que deve ter sido entre 1840 e 1850 e seu título no original é *Grundlegung zur Lehere vom erzieherischeen Unterricht*.

livro e do professor será o de homogeneizar as massas perceptivas dos alunos, pois o sistema industrial exige a uniformidade, facilitando a possibilidade de troca de um funcionário por outro sem prejuízo aos negócios. O caráter moral para McMurrey consiste em formar vontades que se conformem a determinado modelo de ação e cujo comportamento seja previsível. Deve o professor eliminar tudo o que leve a personalismos ou à autonomia pessoal.

Para ele, a *pedagogia é a ciência da instrução*. Cabe a ela descobrir as leis fundamentais que irão presidir e acompanhar o processo de instrução. À medida que esse processo segue leis fundamentais, o processo educativo torna-se eficiente e científico. Surgem as etapas do método, conhecidas como método herbatiano, mas é uma adaptação da proposta inicial de Herbart.

Entre organizações, fases, etapas, conexões, o professor deve conduzir seu trabalho, exercitando nos alunos a obediência, a memorização, a recitação.

O ensino torna-se tecnologia, não se fala mais de ensino como arte. A escola está preocupada com verdades, leis, ordem, induções e generalizações universais.

Acabou-se o dilema, a pedagogia não é arte, é ciência, uma ciência da instrução. Ou acabou a pedagogia?

A psicologia experimental, nesse período de quase início de século XX, se expande com Wundt, na Alemanha, que explora problemas educativos sobre a memória, a aprendizagem, a solução de problemas; com Binet, na França, com estudos precisos e replicáveis sobre a fadiga intelectual; com Stanley Hall, na Inglaterra, que se ocupa da psicologia genética e utilizam-se técnicas de questionários; enfim, psicólogos e pedagogos adentram na pesquisa experimental ou, como escreve Cambi (1999: 502):

> a pedagogia liga-se assim à lógica da ciência, como também se nutre de sua ideologia, mas se consolida como um dos saberes-chave da modernidade, capaz de renovar-se e reorganizar-se segundo os novos modelos, pondo em surdina, mas sem eliminá-los, os aspectos mais filosóficos e políticos que tinham orientado seu resgate na modernidade.

PEDAGOGIA COMO CIÊNCIA DA EDUCAÇÃO

Nesse contexto complexo de início de século XX, surgem diversas experiências educacionais inovadoras, que trazem em seu bojo o conceito de educação ativa, dando guarida a uma nova concepção da infância, reconhecendo a inseparabilidade de conhecimento e ação, teoria e experiência, e fundamentando-se ideologicamente num conceito de democracia e progressismo que pressupõe a necessidade de participação ativa do cidadão na vida social.

A pedagogia é nesse momento repensada em termos políticos e culturais, e passa novamente a readquirir uma identidade de cunho teórico-filosófico, com preocupações com a prática, sem deixar de ser considerada científica, aliando pesquisa experimental com reflexão epistemológica. É nesse momento da história que a questão da práxis é amplamente enaltecida, bem como a questão da natureza da infância, dos processos de organização da aprendizagem, da formação cognitiva da criança.

É um momento de grande *bricolage* no campo do conhecimento pedagógico, no qual se impõe a incorporação de saberes de outras ciências, mesclando os saberes pedagógicos com as descobertas de outras ciências, especialmente da psicologia, da sociologia, da psicanálise, e talvez abrindo as portas da ruptura entre ser a pedagogia *a ciência da educação*, para ser uma das *ciências da educação*.

Continuo considerando que a ciência da educação pode agregar conhecimentos de outras áreas sem perder sua identidade ou fragmentar seu objeto, desde que mantenha definido seu olhar especificamente sobre o fenômeno educativo e que se utilize dos conhecimentos aceitos por outras ciências de forma crítica, por meio de filtros pedagógicos e de reconstrução de seu universo conceitual (e não de substituição).

Nessa época, reanimando as possibilidades da ciência pedagógica, surgem, do movimento ativista, as Escolas Novas, experiências educacionais alternativas, ricas em propostas e possibilidades à ciência pedagógica.[9]

---

9. O movimento das escolas novas, inicia-se, conforme Cambi (1999), na Inglaterra por Cecil Reddie, entre 1858 e 1932, com uma escola para jovens em Abbotsholme; a seguir na Alemanha, com Hermann Lietz, entre 1868 e 1910, com as escolas de campo; mas os grandes

Não é meu objetivo discutir todas as profícuas experiências educacionais que marcaram o chamado "Movimento das Escolas Novas" no início do século XX até em torno de 1950. Faço essa chamada para identificar um momento pedagógico muito rico e a colocação em cena de questões que passarão a marcar, doravante, o universo conceitual da pedagogia, ou seja:

- a questão da peculiaridade da infância;
- a descoberta desse período como pré-formador dos mecanismos mentais e de personalidade;
- a questão da atividade associada à aprendizagem;
- o respeito à individualidade.

O realce que quero dar refere-se à postura epistemológica presente nessas experiências educacionais: um processo de sérias investigações científicas, aliadas a profundas reflexões teóricas; a colocação do interesse da pedagogia pela prática, entrelaçada com a questão de uma filosofia da ação. Nesse contexto vou me ater a duas vertentes do movimento ativista que considero as mais profícuas nas decorrências epistemológicas para a pedagogia atual, especialmente no Brasil, apesar de saber que entre essas duas vertentes há nuances, variações e até outras propostas:[10]

- a pedagogia entre o pragmatismo e o utilitarismo, baseada em uma filosofia da ação;
- a pedagogia dialética, incorporando o caráter histórico-crítico, baseada numa filosofia da práxis.

A pedagogia como ciência pragmática e utilitarista

A pedagogia pragmatista-utilitarista é desenvolvida por Dewey e difundida em grande parte do mundo ocidental. Decorre de sua

---

teóricos destas escolas, também denominadas de escolas ativas foram Dewey, Decroly, Claparède e Ferrière, além de Maria Montessori, já quase no início de século XX.

10. Como, por exemplo, a Pedagogia da existência, conforme se refere Suchodolski (1960).

PEDAGOGIA COMO CIÊNCIA DA EDUCAÇÃO

proposta uma reconfiguração da identidade da escola que deverá se configurar como:

- laboratório de experiências científicas;
- instância política, geradora e fomentadora de democracia, que deve se organizar com base em princípios de emancipação dos cidadãos e funcionar como equalizadora de oportunidades sociais;
- instância complexa de integração da teoria educacional com a prática educacional;
- instância formativa da cognição e das atitudes democráticas e de socialização.

O trabalho de Dewey será significativo na questão da confluência de saberes na estruturação da ciência da educação e isso irá marcar profundamente o novo caminhar epistemológico da pedagogia.

A filosofia de Dewey baseia-se na *teoria da experiência*, que tem como base a troca ativa entre sujeito e natureza. Nessa relação o sujeito utiliza-se de sua inteligência criativa, controlando a experiência pelo uso da lógica, caracterizada como método científico, que deve permear todo o processo de construção de conhecimento, que é contínuo e constante. Nesse processo é fundamental o papel da reflexão política, centrada na concepção de democracia, concepção esta que deve ser sempre reconstruída por meio da obra educativa.

O grande elemento inovador no pragmatismo de Dewey é que ele não considera a filosofia como orientadora prévia dos problemas da educação, mesmo porque não acredita em fins educacionais mais ou menos remotos, distantes da ação atual. Esses fins serão identificados na intermediação entre ação educacional e reflexão filosófica. Para ele, a filosofia da educação não estabelece fins, mas trabalha no sentido instrumental, regulando e acompanhando os fins alcançados, as conseqüências, e analisando os valores construídos. Ou, como sugere o próprio Dewey (1976b), ao dizer que a filosofia da educação pode oferecer amplitude, liberdade e invenção construtiva e criadora à obra educativa, mas não oferecer um guia prévio à ação dos educadores.

O pragmatismo pode, assim, ser considerado uma filosofia da experimentação, que comporta um programa flexível de estudos e pressupõe o planejamento de forma cooperativa, e um respeito às possibilidades da infância.

Decorrente do pragmatismo, a ciência da educação constituir-se-à a partir dos problemas didáticos, de maneira quase exclusiva, incluindo: seleção de programas de estudos, organização e administração escolar, escolha de métodos adequados aos programas previstos, planejamento de ações complementares entre outras, de cunho voltado à organização da escola, de currículo, de preparo de professores e de materiais instrucionais.

Quero salientar que a ação do pedagogo não se confunde com a ação docente, ambos funcionam ainda como papéis complementares, mas diferentes. Ao pedagogo, educador por excelência, cabe a organização da escola, a reflexão sobre as ações desencadeadas, a composição dos elementos da filosofia da, educação que emergem da prática, a previsão de ações didáticas, o acompanhamento do papel do professor. Este será um executor em sala de aula da organização e dos fins pretendidos.

Uma grave decorrência da pedagogia pragmatista de Dewey será a submissão do pensamento à ação, cabendo à inteligência o papel de transformador da realidade no sentido utilitarista e colocando a reflexão apenas a partir de problemas dados e posteriores à ação. Isso pode produzir (e já produziu) um sofisticado processo de alienação com ares de conscientização, um sofisticado processo de submissão com formas de eficiência e uma limitação a processos criativos e discrepantes do consenso.

Pedagogia dialética incorporando o caráter histórico-crítico

Estarei me referindo à pedagogia dialética para caracterizar uma pedagogia essencialmente oposta a uma pedagogia metafísica (essencialista ou existencialista), e que adquire o caráter de uma pedagogia social, política, voltada à construção do homem coletivo, fruto e produtor das condições sócio-históricas. Dessa forma, as origens episte-

PEDAGOGIA COMO CIÊNCIA DA EDUCAÇÃO

mol̵ógicas dessa tendência recaem em Marx e Engels, e apresentam diversas feições históricas a partir de seus pressupostos iniciais. Meu interesse é apenas colocar as bases dessa epistemologia e não discutir as demais apropriações históricas que foram decorrendo em diversas circunstâncias, propostas e polêmicas. Faço um realce a algumas decorrências dessa abordagem, sabendo não absorvê-las todas e ciente de que carecerão, para outros estudos, de maior aprofundamento.

Marx e Engels morreram antes do início do século XX mas deixaram em seus escritos as bases dessa pedagogia que denominamos de marxista. Considero que a partir de Marx e Engels não é mais possível falar de educação sem estar referindo-se à realidade socioeconômica e à luta de classe que a caracteriza e sustenta. Não mais caberá à pedagogia ser uma atividade neutra nem idealista. Quando me refiro à pedagogia marxista, estarei reportando-me a uma pedagogia que absorve em seu fazer social a dialeticidade da realidade sócio-histórica, apoiando-me nas bases teóricas lançadas por Marx e Engels e por seus continuadores pós-1900.

De um modo geral cabe neste contexto apenas elencar, de modo sucinto, algumas novas possibilidades epistemológicas vislumbradas a partir da pedagogia marxista, quais sejam:

- *O complexo sentido da dialética da práxis social*: Schmied-Kowarzik (1983: 43) considera que esta é a grande revolução teórica de Marx, ou seja, a de reconhecer na práxis social o fundamento de todo desenvolvimento histórico, alertando para o fato de que

  os homens não podem se realizar como produtores de suas condições de vida, mas inversamente, que as condições de vida — as imposições de fato das condições de produção, o poder político e jurídico das relações de dominação, a capacidade enganadora da ideologia — determinam os homens em sua atividade a partir do exterior, como estranhos.

  E a seguir continua comentando que:

  a práxis social se aliena a si própria através das relações que ela mesma produz, e esta inversão continuará dominando a vida humana, enquanto a produção social se efetive somente de um modo natural, e não seja realizada e compreendida como tarefa social consciente dos indivíduos que produzem e agem na sociedade.

Cabe esclarecer, como o faz Kosik (1995: 222) que quando falamos em práxis no sentido do materialismo histórico não podemos estar nos referindo a uma atividade prática que se contrapõe, ou se complementa, ou que se instala ao lado ou contraposta à teoria. A práxis a partir de Marx é a certeza do homem como produtor de sua realidade social, o que lhe confere unicidade para compreendê-la. Portanto, a práxis é ativa, devendo ser concebida como atividade que se produz historicamente, que se renova continuamente e se constitui praticamente, através da unidade do homem e do mundo, da matéria e do espírito, de sujeito e objeto, do produto e da produtividade.

- *A pedagogia passa a assumir uma função essencialmente política e uma epistemologia essencialmente fundada na dialética*: Para a pedagogia, a partir da compreensão desse significado de práxis, decorre uma transformação radical em sua posição como ciência da sociedade, eminentemente política, e essencialmente dialética, quer na construção de sua epistemologia, quer no seu exercício como ciência, na construção de seu objeto e na realização de sua prática. A pedagogia será aquela parte da prática social que se destina à formação de indivíduos portadores da práxis social, conscientes de seu papel na construção da realidade, entendido como domínio da natureza e como exercício de liberdade, concomitantemente.

Essa tarefa — de formar indivíduos portadores da práxis, conscientes de seu papel na conformação e na transformação da realidade sócio-histórica — exige um trabalho educacional crítico, que pressupõe sempre uma ação coletiva pela qual os indivíduos tomarão consciência de que é possível e necessário, a cada um, a formação e o controle da constituição do modo coletivo de vida. A essência dessa tarefa é eminentemente política, social e emancipatória.

Os aspectos específicos de uma pedagogia marxista implicam:

- uma conjugação dialética entre educação e sociedade;
- educação e política estarem sempre em relação dialética — e essa relação deve se expressar numa práxis revolucionária;
- centralizar o trabalho, como categoria fundamental, na formação do homem;
- valorizar a formação humana, pela libertação de condições de submissão e alienação (não só política, mas culturalmente falando);
- oposição a toda forma de espontaneísmo e naturalismo educacional, reforçando o papel da disciplina e do esforço.

As ampliações posteriores do pensamento de Marx, por outros pesquisadores, deram à pedagogia amplas e frutíferas contribuições. Pode-se lembrar de Bourdieu e Passeron (1975) que, com base na análise crítica da sociedade capitalista na França, alertam para a questão da reprodução social, ou seja, para além da reprodução da cultura, há a reprodução dos significados ideológicos da cultura e as instituições escolares teriam a função de perpetuar a própria estrutura social hierarquizada, com os significados elaborados pela classe dominante, fazendo com que o sistema educacional, ao transmitir a cultura de poder e privilégios da classe dominante, camufle essa função sob uma aparência de neutralidade, de apoliticidade, reproduzindo como cultura universal a ideologia da classe dominante. O impacto dessa análise dos autores é grande, uma vez que irá redirecionar, entre outras coisas, o sentido de educação popular, contribuir para uma reinterpretação da questão do fracasso escolar, introduzir um olhar mais crítico na questão da organização dos currículos e produzir outras teorias que expandem e aprofundam essa questão.

Seguiram-se muitos outros estudos que procuraram dar continuidade a essa interpretação da dinâmica de funcionamento dos sistemas sociais. Desses estudos, destaco Althusser (1970) e Baudelot e Establet (1971), que procuram identificar os verdadeiros mecanismos que produzem e mantêm as estruturas de desigualdade social mantidas e perpetuadas sob a aparência de igualdade e semelhança.

É fundamental a análise que Althusser faz caracterizando a escola como Aparelho Ideológico do Estado (AIE).

Poulantzas e Establet afirmam que a escola e outras instituições de socialização, na realidade, não criam a divisão em classes, mas contribuem para ela e a reproduzem. A escola seria um mecanismo de reforço da própria relação capitalista. Ou como escreve Freitag (1984: 34):

> assim a escola, na medida em que qualifica os indivíduos para o trabalho, inculca-lhes uma certa ideologia que os faz aceitar sua condição de classe, sujeitando-os ao mesmo tempo ao esquema de dominação vigente (...) [ou mais adiante:] é pois a escola que transmite as formas de justificação da divisão de trabalho vigente, levando os indivíduos a aceitarem, com docilidade, sua condição de explorados, ou a adquirirem o instrumental necessário para exploração da classe dominada.

Outra grande contribuição, decorrente desse eixo marxista do papel da escola, da sociedade e da pedagogia, é a de Gramsci, que repensa os princípios metodológicos do marxismo e oferece à luta de classes um papel emancipatório.

O autor, revendo a teoria marxista, interpreta como sendo possível transformar a realidade pela construção de um novo partido (revolucionário e proletariado), que construa uma hegemonia cultural que, na ação, se transforma em hegemonia política e, dessa forma, possa ir minando a ideologia da classe dominante.

Como se percebe, o papel da pedagogia é fundamental em Gramsci, pois a hegemonia cultural se constrói na ação educativa de várias instituições sociais que educam no amplo sentido, formando os "intelectuais orgânicos" e produzindo uma profunda mediação entre cultura e consciência crítica.

Gramsci será, conforme Freitag (1984), o autor que atribui à escola e a outras instituições da sociedade civil (aos AIE de Althusser) a dupla função dialética e estratégica de conservar e minar as estruturas capitalistas. Dessa forma, seus estudos permitem a entrada em cena de uma pedagogia do oprimido e permitem ainda a organização institucional do processo emancipatório, à medida que a contra-ideologia se constrói e faz circular, ao lado da cultura dominante, uma nova concepção de mundo e educação, produzindo, evidenciando e tornando pedagógicas as contradições aí imanentes.

É por isso que Gramsci (1973) considera que toda relação de hegemonia é sempre uma relação pedagógica, e isso confere à educação um papel eminentemente político, uma vez que o controle da circulação das hegemonias, nos sistemas educacionais, será sempre um fator decisivo nas mediações das forças presentes na luta de classes.

Por certo que o papel da pedagogia se amplia e se diversifica após Gramsci, assumindo um caráter eminentemente político de reorganizar, por meio de uma pedagogia que carregue o interesse dos oprimidos, a contra-ideologia. Esta terá a função de divulgar uma nova concepção de mundo, mediante a ótica dos excluídos do raio de cobertura da classe dominante. Assim, corroendo, destruindo, dando novas interpretações à cultura hegemônica da classe dominante, poderá abrir espaços para um processo emancipatório, que implicará um novo jogo de forças na luta de classes. Esse processo dialético e revolucionário poderá ser semente de transformações históricas, que podem conduzir a um mundo com mais inclusões, igualdade e possibilidades de convivência humana.

Constrói-se, a partir daí, a grande utopia revolucionária da pedagogia de acreditar que será possível transformar o mundo pela transformação das consciências, e essa tarefa se fará por meio de um trabalho pedagógico comprometido com as classes populares e com a construção de uma sociedade mais justa.

Realça-se aqui o trabalho de educadores como intelectuais orgânicos, responsáveis pela reelaboração e distribuição da ideologia da classe dominante e dos pedagogos como intelectuais críticos, na recondução e reorganização da classe dos educadores em torno da utopia de reconstrução da sociedade.

Ainda há muitas decorrências a partir desses teóricos, mas estou ainda centrando a análise em movimentos que foram lançados até a metade do século XX.

Gostaria de mencionar também, não como decorrência direta, mas como um desvio *aproximativo* do marxismo, mesclado com novas influências, o movimento da pedagogia cristã, centrado no personalismo de Mounier, uma vez que alguns componentes desse movimento estarão presentes na gênese da pedagogia do oprimido no Brasil.

Pedagogia cognitiva/instrucional/tecnológica

Essa tendência da pedagogia toma corpo na segunda metade do século XX, fazendo incorporar à teoria pragmatista-utilitarista de Dewey novos estudos e pesquisas sobre a cognição humana, bem como as urgências de um novo mundo que tem pressa de se reconstruir no pós-guerra, que centraliza sua força no desenvolvimento tecnológico acelerado, que identificou o conceito de progresso com o de conquista tecnológica e associou progresso tecnológico a poder político.

Há que se lembrar que se vivia nesse período em clima da Guerra Fria, e que a relação entre domínio de tecnologia e poder estava sendo constantemente testada.

Assim, pode-se dizer que a pedagogia dos anos 50, até as revisões políticas, sociais e epistemológicas decorrentes do movimento de 1968, foi marcada por duas características:

- crescente processo de sua cientificização, com mesclagens variadas, incluindo influências do evolucionismo, do tecnicismo, das novas pesquisas psicológicas, do bebaviorismo, entre outras;
- aprofundamento de seu caráter político-ideológico, podendo-se até dizer que a pedagogia pós-guerra alinhou-se também em dois blocos e foi intérprete e protagonista de duas diferentes concepções de mundo.

A pedagogia do Ocidente esteve mais envolvida na defesa dos princípios de uma democracia liberal, na busca de condições favorecedoras da reorganização do capitalismo, na organização de sistemas eficientes de ensino e na suposta pretensão do controle dos processos de cognição e aprendizagem. A raiz dessa pedagogia é o ativismo pedagógico, especialmente baseada na pedagogia deweyana, com

PEDAGOGIA COMO CIÊNCIA DA EDUCAÇÃO

retomadas e mesclagens isoladas de pedagogias religiosas, até meta-físicas ou românticas.

A pedagogia do Leste esteve mais voltada a se estabelecer como pedagogia estatal, baseada inicialmente nos estudos de Marx, mas com profundas adaptações e revisões em diferentes regiões e pauta-das em diferentes interesses, caso de sua presença em países de Terceiro Mundo que assumem feições bem específicas, como em Cuba, de Fidel, ou mesmo a "pedagogia utópica", de Suchodolski, em Varsóvia.

A pedagogia ocidental vai adquirindo uma feição diferente à medida que começa a incorporar as contribuições da psicologia cognitivista (especialmente nos anos 50), as contribuições de Bruner, Bloom, Gagné e, mais tarde, com outro tipo de influência, nas contri-buições de Ausubel, Piaget, Vygotski, Wallon, Leontiev.

Os estudos de psicólogos teóricos do *behaviorismo* também im-pregnam a pedagogia da época: inicialmente Thorndike, depois Skinner e suas famosas "máquinas de ensinar", que apenas pelo nome, pela semântica do nome, demonstra e já traduz o espírito da pedago-gia da época.

Esse momento será marcante à identidade da pedagogia da épo-ca: ela se fortalecerá como pedagogia da instrução. A educação iden-tifica-se com processos de organização da instrução e ela se transfor-mará em disciplina científica operativa. Essa tendência será alimenta-da por novos estudos sobre o currículo,[11] ou mesmo, talvez melhor dizendo, desencadeará uma nova concepção de currículo, bem orga-nizativo, pontual, detalhado, instrumental, que expressa bem o papel esperado do professor: executor de um plano detalhado de ações pre-visíveis e organizadas anteriormente.

O organizador desse currículo, o antecipador dessas ações, será um técnico em currículo, um técnico em planejamento, não necessa-riamente um pedagogo. Essa fase e esse trabalho incorporaram mui-tos profissionais de outras áreas de formação, não pedagogos, à tare-fa educativa: administradores, sociólogos, psicólogos, que também

---

11. Especialmente os estudos de Franklin Bobbit, Ralph Tyler, J. Schwab.

se atribuíam as funções de treinadores de professores para equipá-los de respostas e procedimentos essenciais para controle da sala de aula, bem como para ensiná-los a preencher, "com os verbos adequados", os objetivos comportamentais a serem atingidos.

Pode-se dizer que o auge desse perfeccionismo tecnológico trouxe danos quase irreversíveis à educação e modificou a identidade não só do pedagogo, mas especialmente do professor. O primeiro não tem mais função, pois nada há para refletir sobre fins, valores e políticas; basta organizar modelos de ação e controlar a distribuição, a aplicação e a avaliação desses modelos, tarefas que outros profissionais fazem com mais precisão. Os professores não precisam criar, refletir, propor dentro de suas salas de aula e passam a ser executores de planejamento, viram técnicos de sala de aula. Essa expectativa projetada do papel do professor executor será marcante na construção identitária desse profissional.

Pode-se afirmar que a pedagogia, dentro dessa concepção, encerra-se na sala de aula, procura fixar-se na organização precisa de tecnologias instrucionais, procura critérios de eficiência de ensino, eficiência esta entendida como "aulas bem planejadas e bem dadas". O ensino deveria ser eficiente e eficaz, na linguagem bem própria à época. Crescem em importância as *máquinas de ensinar*, perfeitas na concepção de Skinner, pois permitem *feedback* imediato e isso garante a aprendizagem — afinal a máquina torna-se mais precisa que o professor, que passa a ser *treinado* a oferecer rápidos e imediatos reforçadores positivos aos alunos que acertassem as respostas previstas. Os roteiros de auto-instrução, ao mesmo tempo que enaltecem o auto-estudo, castram a liberdade de buscar perguntas e respostas não previstas e assim engessam o já limitado processo de instrução, que está substituindo o processo de ensino e que está, por sua vez, substituindo o processo de educação. O técnico de sala de aula substitui o professor e os profissionais de recursos humanos, treinadores eficazes, substituem os pedagogos.

A tecnologia acrítica, entusiasmada, parcial, bane os processos educativos, criativos, políticos, transformadores. É preciso formar máquinas que acertem as boas respostas, não mais é preciso formar consciência ou compromissos com a humanidade. Afinal a humanidade passa a ser vista como conquista de tecnologia!

O crescimento desses novos significados e dessas novas representações das finalidades da educação, que supervalorizam a organização da instrução e subestimam os destinos e os valores educativos, apequenam e alteram a identidade da pedagogia, fazendo-a abandonar seus ideais político-transformadores e encerrando-a nas salas de aula, onde seu papel passa a ser o de racionalizar ações para qualificar a eficiência do ensino, no sentido instrumental.[12]

A quem a sociedade encarrega o papel de pensar a sociedade?

Abandonados, filósofos e pedagogos, destituídos ambos de seu papel, abrem-se espaços para economistas, sociólogos e políticos no sentido estreito do termo.

A Pedagogia entre filosofia e ciência

A tendência cientificista pura, carregada de mecanismos racionais, nunca foi uma consensualidade histórica. Ao contrário, há movimentos dialéticos, contraditórios, integradores entre esta e as novas tendências filosóficas que trazem a necessidade de consideração da formação do homem integral, permeado de sentimentos, ilusões, vida, irracionalidade. A influência dos filósofos românticos alemães que procuram aliar experimentação pedagógica e reflexão filosófica sinaliza possíveis — e talvez necessárias — confluências entre ciência e filosofia, fazendo emergir tanto as raízes de uma pedagogia compreensiva, que carece de procedimentos hermenêuticos, como, conforme já vimos, o revigoramento da pedagogia positivista, com base em Comte e fundamentada nas questões da composição de uma sociedade que quer se fortalecer como Estado que aspira a lucros e que se encanta com o progresso tecnológico.

---

12. Conforme se dizia na época: o ensino tem que ser eficiente e eficaz; deve ser bem planejado e bem executado.

No bojo da grande revolução cultural do século XIX, contrapondo-se à cultura do século anterior, pode-se considerar um especial momento da pedagogia, quando, respondendo às circunstâncias sócio-históricas da época, coloca-se diante da necessidade de se estruturar cientificamente. Nesse processo, ao mesmo tempo em que se apega à tradição filosófica de sua origem, enaltecendo-a, ocorre uma revisão com base em novos paradigmas colocados pela filosofia romântica alemã.

Essa postura estrutura-se especialmente contra o predomínio da crítica e da razão, realçando referências ao indivíduo, ao sentimento, à história, à nação, ao irracional, permeada por uma forte consciência histórica para exaltar, ao contrário, os valores do sentimento, da identidade, da transcendência religiosa que ilumina e busca compreender o mistério da tragicidade da existência.

Na confluência e pela intermediação de pedagogos como Pestalozzi e Fröebel e filósofos como Schiller, Fichte, Schleiermacher e Dilthey, a pedagogia é remexida e reconfigurada por propostas e ações que realçam a atenção à camada desprivilegiada da população, enaltecem os novos conceitos de liberdade, afirmam-se nas possibilidades da intuição, realçam o papel dos sentimentos, do lúdico, colocam-se ao lado dos excluídos do processo educacional.

Pestalozzi, especialmente, alia experimentação educativa e reflexão pedagógica, sem perder de vista os grandes princípios da cultura romântica, da concepção da educação como formação humana,[13] em toda dimensionalidade do ser e nas suas configurações sociais, culturais e políticas. Integram-se as intenções de organização da instrução numa concepção ampliada de participação e destinação cultural dos povos com vistas à sua emancipação.

Schiller (1759-1805) desenvolve ações e estudos sobre a educação dos sentimentos por meio da arte, tendendo a retomar o ideal do homem grego, buscando a harmonia entre razão e sensibilidade. Opõe-

---

13. No sentido de *Bildung*: formação integral humana que concilia sensibilidade e razão, que agrega sentidos de liberdade interior, de autodesenvolvimento com vistas à harmonia da personalidade, integrada na cultura e nos valores de seu contexto histórico.

PEDAGOGIA COMO CIÊNCIA DA EDUCAÇÃO

se radicalmente ao espírito utilitarista da época e procura realçar a reflexão estética, antropológica, política.

Fichte (1762-1814) considera-se um sacerdote da verdade, um profeta do povo alemão, um escravo da verdade, mas realçamos sua tarefa em dar uma solução idealística ao problema da experiência, integrando ser e consciência na situação experienciada, enaltecendo o papel da autoconsciência. Realça a educação para o universal superando as tendências de uma educação individualista, egoísta, utilitária, cobrando do Estado o dever para com a educação, que se fará no desenvolvimento da consciência da liberdade em prol do bem comum, subordinando a vontade individual a uma ordem ética superior, que será representada pela figura do educador.

Schleiermacher (1768-1834) exprime o caráter religioso do romantismo, acentua o papel da formação ética do sujeito, mas uma ética que liberte e supere o horizonte da autoridade. É estrutural seu trabalho na compreensão da hermenêutica como teoria de interpretação dos signos vistos como elementos simbólicos de uma cultura, realçando nesse processo não só a historicidade, mas, e sobretudo, o papel da subjetividade. A partir de Schleiermacher reconhece-se a importância da subjetividade individual no processo de conhecimento e de compreensão da realidade. O fundamental de seu trabalho, no que concerne à pedagogia, é desenvolver uma epistemologia pedagógica que integra teoria e práxis, realçando que a teoria nasce da práxis, desenvolve-se por ela própria e retorna à prática, iluminada pela teoria, num processo contínuo, histórico, hermenêutico por excelência.

Schleiermacher afirma que a pedagogia é ciência, e que antes de ser uma ciência empírica é também uma ciência crítica e histórica.

Dilthey (1833-1911)[14] opõe-se a uma pedagogia normativa pautada em valores universais e realça o caráter da historicidade, da com-

---

14. Dilthey, na realidade, nasce no ano próximo ao da morte de Schleiermacher e de Herbart, o que corresponde a uns vinte anos após a morte de Schiller e de Fichte. Faz parte do mesmo momento histórico, mas é anais contemporâneo, talvez por isto sua obra já vem carregada de críticas à visão empirista de Herbart.

preensão da prática, criticando algumas posições de Herbart e do psicologismo da época. Diz o seguinte (Dilthey, 1940: 155):

> A Pedagogia atual sofre sob uma derivação meramente psicológica e também por um desenvolvimento de uma organização escolar decretada pelo estado; não existe ainda uma ciência indutiva da pedagogia. A escola herbartiana é precisamente quem a tem mais atrasado (...) Da psicologia não se pode derivar qualquer pedagogia e o menosprezo atual dos práticos a respeito desta ciência se baseia no fato de que tem se tentado resolver o problema insolúvel de desenvolver dedutivamente, sobre bases psicológicas, todo um sistema de Pedagogia.

É bom lembrar ainda que o autor já afirmara que o fim de toda filosofia é a pedagogia. Essa colocação de Dilthey de alguma forma realça o que pretendi analisar na questão dos dois posicionamentos emergentes nessa época, entre educação e instrução. Ao criticar a organização escolar decretada pelo Estado, ele, por certo, critica a falta de autonomia dos seus organizadores, os pedagogos, e o limite a um projeto emancipatório da educação pela integração entre sujeito e cultura.

Os trabalhos de Pestalozzi (1746-1827) e Fröebel (1782-1852) já são bem conhecidos dos educadores atuais, uma vez que a influência de ambos foi estrutural na definição do fazer pedagógico. Pode-se afirmar que três teorias permeiam o pensamento pedagógico de Pestalozzi:

- a da educação como processo que acompanha a natureza, numa linha derivada de Rousseau, que considera a natureza do homem boa e que cabe à educação apostar em seu desenvolvimento a fim de liberar todas as potencialidades morais e intelectuais;
- a da formação do homem como um processo complexo que se efetua em torno da Anschauung que significa a observação intuitiva da natureza que promove o desenvolvimento intelectual — e este em seu bojo traz o desenvolvimento moral —, visando produzir um desenvolvimento harmônico, que eleva o homem à dignidade de ser espiritual;

PEDAGOGIA COMO CIÊNCIA DA EDUCAÇÃO

- a da instrução, considerando que são fundamentais ao ensino a intuição e o contato direto com as experiências, que permitem a transformação das percepções em conceituações cada vez mais gerais, realçando o processo de auto-educação.

Cabe salientar que a base da pedagogia de Pestalozzi é o espírito de espontaneidade e liberdade, base esta fundada na experiência viva das coisas. Outro dado é que esse pedagogo, coerente com suas convicções, extrapola sua ação para além da escola, assume seu papel político e critica a ordem social de seu tempo, coloca-se ao lado do povo e reivindica reformas sociais com vistas à liberdade, à igualdade e a uma melhor convivência entre os homens. Foi muito popular em sua época e deu visibilidade aos princípios de uma pedagogia romântica, apoiada na forte concepção da possibilidade da educação como formadora de homens e construtora de novos processos sociopolíticos.

Percebe-se em Pestalozzi a preocupação com a questão da cientificidade da educação; porém baseada num sentido de ciência que não perde de vista a educação como projeto antropológico e cultural. Com todo entusiasmo em experimentar, em organizar os processos educativos, Pestalozzi não deixa de ser um pedagogo que sabe e intui que a educação escolar sozinha não basta para a concretização do projeto político-educacional. Ou, como escreve Cambi (1999: 419):

> Ao lado dessas teorias pedagógicas e didáticas, porém, o pensamento de Pestalozzi desenvolve uma precisa reflexão sócio-política, que está estreitamente relacionada com a sua elaboração pedagógica e interagindo com ela.

Pestalozzi expressa a possibilidade da confluência entre ciência e filosofia, entre humanidade e educação, entre o educador que pensa a educação e organiza o fazer da educação, que está ciente dos problemas da pedagogia e percebe a possibilidade do fazer pedagógico em todas as esferas da sociedade: centrada na escola mas com o foco na grande sociedade dos homens.

Ou seja, a pedagogia não precisa se apequenar para ser ciência, nem se fragmentar, nem deixar de ser pedagogia...

Fröebel, tanto quanto Pestalozzi, acredita na unidade fundamental homem/natureza, mediados pelo espírito absoluto, visto (o homem) como autoconsciência, num processo contínuo de interconexão entre pensamento e vida. Fröebel incorpora a teoria da evolução orgânica à educação, interrogando o currículo escolar que deveria ser estruturado em torno do conceito de organicidade e integração. Propõe a auto-atividade como princípio metodológico e aponta a educação como um processo contínuo. Enaltece, na prática educativa, o papel do jogo, dos símbolos, da representação, do trabalho, da expressão e, especialmente, realça a importância da educação infantil. Sua obra marca-se sobretudo por:

- uma nova concepção da infância: como fase criativa e fantástica;
- a organização das escolas para crianças (jardins de infância);
- a proposta de uma didática para a infância.

Como já sinalizei, esses pedagogos e filósofos respondiam a um clima histórico próprio, decorrente das modificações sociopolítico culturais, pós-Revolução Industrial, e de uma sociedade redesenhada, ampliada por novas classes e sujeitos sociais (o proletariado, o operário), organizada em torno de novos símbolos (o Estado, o povo, a nação) e transformada pelas novas formas de comunicação social através da imprensa. É uma época às voltas com as questões de novos direitos, de redimensionamento de deveres, do desenvolvimento do espírito utilitarista, consumista, da democracia e da criação de mecanismos ideológicos de conformação das massas. Época aberta a novos redimensionamentos da questão da educação, da pedagogia.

A pedagogia, como ciência da educação, agiu como mediadora de tensões, como equilibradora de conflitos, respondeu, portanto, às urgências sociais dessa época; foi mediadora, catalisadora e transformadora. Procurou novos caminhos, estabeleceu novas propostas, antecipou-se organizando novas formas de pensar e fazer a educação. Pautou-se na experimentação e na reflexão crítica, integrou ciência e filosofia, retomou tradições e deu passos à frente, esteve ao lado do povo e não abriu mão de se preocupar com a emancipação e os direitos dos oprimidos; buscou a participação de todas as classes sociais, valorizou o mestre e sua prática, esteve na escola e na sociedade, na instrução e nas manifestações culturais.

Nessa sociedade que marca o início da contemporaneidade, percebe-se o papel inevitável da pedagogia que, como ciência da educação, há que se pautar pelos anseios do social, sem perder a dimensão máxima da emancipação humana, como projeto social, enaltecendo a dignidade do homem como conquista inalienável, por meio de mecanismos de mediação e superação, saber-se ideológica por princípio. "A importância social da ideologia afirmou também a centralidade da pedagogia, que, do modo mais descoberto e mais orgânico, encarregou-se dos objetivos ideológicos de uma sociedade (...)" (Cambi, 1999: 383).

Para a pedagogia, perder sua essência de prática social ideológica é perder parte de sua identidade. Parece-me que, à medida que a pedagogia se satisfaz com o fazer instrucional de sala de aula, da escola e deixa de priorizar a educação dos povos como projeto político-social — que deve ser elaborado na mediação e na negociação com todos os anseios de diversos setores sociais —, ela perde sua especificidade, perde poder de aglutinação e abre espaço para outros mecanismos de outras ciências que, sem a ótica do pedagógico, acabam por centrar os estudos da pedagogia quase que exclusivamente em processos instrucionais de sala de aula ou em processos cognitivos de apreensão da aprendizagem.

O efetivo empenho de Herbart em organizar a instrução, acreditando que é a partir da instrução que se organiza a educação, permitiu um desvio à condução da pedagogia como ciência da educação. Gestou-se talvez em seu trabalho a consideração da pedagogia como ciência da instrução. No entanto, a história da pedagogia é também rica em reações, desvios a essa perspectiva de ser apenas a ciência da instrução escolar.

Considere-se que o germe desse modo de fazer pedagogia, centrando sua especificidade na mediação entre crítica e reflexão, entre o individual e o político, entre a filosofia e a práxis, esteve presente em vários momentos da história, quer da perspectiva dos românticos alemães, quer pela dimensão visualizada nas profícuas experiências dos movimentos ativistas.

É curioso notar que na Alemanha a pesquisa empírica, impregnada com a cultura filosófica da tradição desse povo, tem produzido um caminhar da pedagogia em direção a uma ciência crítica, baseada na teoria crítica da Escola de Frankfurt, que reafirma que o objetivo da educação deverá ser o de formar e emancipar a humanidade. Para atingir tal fim, será necessária uma análise crítica da ideologia no contexto social da educação. Essa análise deve permitir descobrir as relações de dependência de que os jovens devem se libertar.

Os elementos constitutivos dessa ciência crítica são:

- a ciência crítica da educação parte da característica histórico social da prática da educação e da ciência educativa;
- a crítica ideológica é fundamental para transformar a prática;
- a teoria crítica da prática se fará, simultaneamente, como teoria construtiva da prática;
- a metodologia de pesquisa adequada a essa concepção da educação é a pesquisa-ação, que permite a integração de elementos da pesquisa empírica e hermenêutica.

A ciência crítica da educação deve orientar-se no sentido de analisar as condições sociais de produção das práticas educativas e as necessidades políticas que induzem à utilização dessas práticas e/ou as incentivam. E mais, como teoria construtiva da prática, deve alertar sobre os convenientes políticos dessa prática e, baseada num processo crítico, autocrítico, coletivo, engendrar mudanças à prática, libertando a educação de estar à mercê de interesses políticos e de poder que não satisfazem à emancipação do coletivo.

Percebe-se claramente que essa concepção de educação difere da concepção humanista por agregar dois novos estruturantes: a questão do coletivo como foco de formação e a questão da dimensão construtiva da crítica ideológica. Ou seja, a concepção humanista atinha-se à compreensão contextualizada da prática educativa; já a ciência crítica, além de compreender, propõe a crítica ideológica e a transformação coletiva das práticas, num processo crescente de conscientização e emancipação dos sujeitos e das representações sociais.

Vale aqui observar que o caráter ideológico, imanente à pedagogia, pode tomar diversas feições que, no limite, oscilam entre modelos conformadores e modelos emancipatórios, que privilegiam ou sua função técnico-reprodutiva ou sua função crítico-emancipatória.

A pedagogia, especialmente a brasileira, sofreu grande influência da orientação americana, através de Dewey, que havia sido professor de Anísio Teixeira, o que lhe acentua seu forte caráter instrucional-tecnicista, presente tanto na maioria das práticas escolares como na legislação educacional de diversas épocas. No entanto, nossa tradição pedagógica guarda e preserva uma rica tradição de projetos, práticas e teorias inovadoras da prática, buscando a articulação criativa entre teoria e prática educativa. Portanto, há espaço e expectativa para se pensar em novas configurações à ciência pedagógica no Brasil, configurações estas mais voltadas às possibilidades de emancipação das enormes camadas sociais oprimidas.

Compreensões da história da Pedagogia como ciência da educação

Ao defrontar-me com colocações inquietantes de dois educadores brasileiros, Anísio (1934) e Andrade Filho (1957), que expressavam a dificuldade em lidar com a pedagogia transformada em ciência, senti-me impelida a ir buscar a gênese dos processos históricos, epistemológicos, culturais que permitiram sua cientificidade.

Nessa pesquisa fiz descobertas interessantes que fundamentaram minha hipótese de que o princípio de cientificidade, estruturado pós-Herbart, foi gradativamente impondo um fechamento de horizontes à pedagogia de tal forma que, para ser ciência, teve que deixar de ser pedagogia, ciência da educação, pois este objeto (a educação) foi se restringindo à instrução, ao visível, ao aparente, ao observável do ensino, a fim de poder ser aprendida pela racionalidade científica que a pressupunha.

Além disso, essa racionalidade científica exigia de seus pesquisadores instrumentos e técnicas que nem sempre faziam sentido aos pesquisadores pedagogos. Foi preciso recorrer a outros profissionais que, embora hábeis na manipulação de instrumentos, nem sempre carregavam em sua concepção o sentido epistemológico da pedagogia. Estabeleceu-se uma inadequação entre objeto e método dessa ciência, que passa a conviver com muitos equívocos, ao lado, por certo, de muitos saberes e da construção de diversas posições conceituais.

A título de uma síntese compreensiva que pode ajudar o leitor a compor uma nova compreensão do processo de cientificização da pedagogia, destaco três grandes posições que foram sendo assumidas pela pedagogia, dentro dos recortes nesse caminhar histórico que realizei. Essas posições que destaco não devem ser vistas como seqüências ou dispostas linearmente, mas como configurações que, em determinado tempo e espaço históricos, foram priorizadas na organização da intencionalidade pedagógica do momento.

Pedagogia ancorada à filosofia

- parte de uma concepção de orientar o sentido da educação para chegar a uma concepção de interpretadora dos sentidos da prática;
- inicia-se como ciência normativa e fundamenta a ciência compreensiva;
- utiliza-se da reflexão e vai incorporando a experimentação e a hermenêutica;
- realça a questão da educação como arte;
- adquire diversas concepções, dentre as quais apresentamos a:
  - *metafisica-religiosa*: pressupondo uma visão essencialista de homem;
  - *humanista*: desde os princípios do humanismo clássico e do iluminismo ao romantismo (Comenius, Rousseau, Pestalozzi, Fröebel, Schiller, Fichte, Schleiermacher,

PEDAGOGIA COMO CIÊNCIA DA EDUCAÇÃO

Dilthey). Incorpora as questões da subjetividade, da intuição, da experiência, da história, dos sentimentos;

— *idealista-dialética*: integra procedimentos de experimentação com reflexão, desde Pestalozzi, Fröebel, passa pelos princípios da dialética em Hegel, bem como os da hermenêutica desde Schleiermacher, Fichte, chegando aos neo-humanistas alemães.

Pedagogia científica: Ancorada na psicologia e na sociologia

- Antecedentes: Ratke e Comenius (século XVI) — didática; Novas doutrinas educacionais do iluminismo.

- Bases de sua doutrina: Herbart (final do século XVIII) — tem a idéia de transformar a prática educativa em arte pedagógica. Busca na psicologia a base experimental à pedagogia.

- Discípulos de Herbart (Ziller, Rein) dão à pedagogia as bases de uma ciência mecanicista.

- Comte, século XIX, incorpora à ciência pedagógica o ideal positivista, anulando, dentro desse princípio, as possibilidades da pedagogia como filosofia. Durkheim dá ênfase à sociologia e organiza estudos a partir do positivismo social.

- Decorrem dois enfoques à pedagogia científica:
  — *o técnico-científico* (pedagogia como ciência da instrução), que vai tomando outras feições após experiência das Escolas Novas, incorporando tanto o pragmatismo-utilitarista (Dewey), como as influências das teorias da instrução, do *behaviorismo*, das psicologias cognitivas;
  — *o histórico-crítico* (no bojo dos trabalhos de Dilthey, Bergson, Hegel), que também a partir das Escolas Novas culminam na dialética de Marx e Engels, incorporando a filosofia da práxis e criando espaço para uma pedagogia crítico-emancipatória.

Pela análise desse caminhar histórico[15] percebe-se que a pedagogia conviveu e convive com diversas configurações, que demarcaram sutis diferenças em sua abrangência, mas profundas alterações em sua epistemologia. Destaco três abordagens decorrentes dessas configurações históricas:

- *Pedagogia filosófica*: com suas três dimensões históricas (metafísica, social e idealista-dialética);
- *Pedagogia técnico-científica*: baseada no positivismo e absorvendo diferentes influências e tomando diversas feições;
- *Pedagogia crítico-emancipatória*: com base na dialética, na filosofia da práxis, incorporando elementos da teoria crítica da Escola de Frankfurt.

Vou especificar alguns pressupostos de cada uma dessas concepções, na intenção de oferecer um suporte reflexivo, mas na certeza de que as simplificações sintéticas podem produzir "defeitos" na apropriação dos sentidos que se desejaria imprimir.

- Pedagogia filosófica

Base teórica: partiu da metafísica, incorporou influências do humanismo clássico, do iluminismo, do romantismo e caminhou na direção da experimentação da prática, organizando-se contemporaneamente nas bases teóricas da fenomenologia-existencialista-hermenêutica.

Pressupostos de sua racionalidade: privilegia o sujeito, a subjetividade na construção do conhecimento, sem, na realidade, ter a pretensão de separar os dois pólos (sujeito/objeto), "mas reuni-los de maneira indissociável, na estrutura da experiência intencional" (Rezende, 1990: 34) e na busca por compreender os sentidos implícitos da existência; utiliza-se de procedimentos hermenêuticos e fenomenológicos para compreender o aspecto único de cada contexto da prática; sua perspectiva é a compreensão das "essências existenciais" com vistas à compreensão da prática.

---

15. Que se encontra de forma mais abrangente em Franco 2001.

Objetivos de sua ação pedagógica: pressupõe-se a educação do homem inteiro, em toda sua dimensionalidade, na perspectiva de melhores condições de relações interpessoais, de vida e de sentido, uma vez que homem e mundo se constroem na dialética da intencionalidade da existência ou, como se reporta Rezende (1990: 36): "no estudo do homem a fenomenologia se faz antropologia estrutural, atenta em não reduzi-lo a nenhum de seus aspectos (corporal-espiritual; individual-social; teórico-prático) mas em conservá-los todos".

Educar significa, para a fenomenologia, apreensão de sentido, a fim de que a existência possa ser vivida com humanidade. Preocupação com processos de formação do sujeito.

- Pedagogia técnico-científica

Base teórica: inicia-se no racionalismo empirista, encontrando grande expressão no positivismo e em suas várias vertentes, o evolucionismo, o pragmatismo, o tecnicismo, o *behaviorismo*, e, a partir da confluência de diversas teorias cognitivas do conhecimento (desde Ausubel a Piaget, de Bruner e Gagné a Wallon e Vygotski, entre outras), há um desvio quer para a tecnologia educacional, quer para uma psicologia genética que fundamentará a questão do construtivismo na aprendizagem, chegando próximo ao que Severino (1999: 80) denomina de "transpositivismo".

Pressupostos de sua racionalidade: em sua raiz, essa concepção admite como válido apenas o conhecimento obtido por meio do método experimental-matemático, ocorrendo, portanto, uma ênfase no objeto e no princípio da objetividade. Abandona-se qualquer possibilidade metafísica, uma vez que é impossível chegar à essência das coisas, pode-se apenas chegar aos fenômenos, em sua manifestação empírica, por meio das luzes da razão. Segundo Severino (1999: 54), "os diferentes modos de intervenção da razão na construção do objeto vão marcar as diversas perspectivas das epistemologias que se inserem na tradição positivista".

Essa concepção parte de uma visão mecanicista de mundo e de uma concepção naturalista de homem; busca a neutralidade do pesquisador e tem como foco a explicação dos fenômenos.

Objetivos de sua ação pedagógica: em que pesem todas as diferenças das diversas abordagens dessa concepção, temos de lembrar que o pressuposto positivista surge para laicizar a educação, difundir os valores burgueses, organizar a estabilidade social do Estado. Carrega também a intenção de organizar os processos de instrução com eficiência e eficácia. Sua perspectiva é de normatizar e prescrever a prática, para fins sociais relevantes (fins estes estabelecidos, em geral, exteriormente aos sujeitos que aprendem e ensinam). A partir do pragmatismo são realçadas as questões da democracia e do preparo para a vida social; questões que talvez hoje estejam sendo representadas pelo empenho na formação de competências e habilidades, subsidiando um pressuposto pré-requisito à participação social e às políticas de "qualidade na educação", vistas como formas eficazes de garantir espaços sociais (aos que podem freqüentar tais espaços de qualidade!).

- Pedagogia crítico-emancipatória

Base teórica: a base dessa concepção vem de Heráclito a Hegel, chegando a Marx e Engels. Segundo Severino (1999: 166), Hegel vincula a historicidade ao logos, concebendo a própria realidade como dialética. Feuerbach, Marx e Engels, conhecidos como neo-hegelianos, apropriam-se da metodologia dialética, "enquanto lógica e enquanto lei do processo histórico". Marx preocupa-se com a história das sociedades e concebe o conhecimento como associado às configurações sociais. "Assim, o marxismo subordina a questão epistemológica à questão política", afirmando, inclusive, conforme o autor, que o logos só se sustenta enquanto estiver abastecendo e sustentando a práxis.

A partir de Marx houve diversos desdobramentos, entre os quais aqui citamos as obras de Lukács, Althusser, Gramsci, que procuraram oferecer diversas perspectivas à dialética marxista.

Pressupostos de sua racionalidade: o princípio básico dessa concepção é o de que a condição básica para a compreensão do conhecimento é a historicidade. Outro pressuposto básico é a consideração da realidade como processo histórico, sintetizada, provisoriamente, a cada momento, por múltiplas determinações, fruto das forças contraditórias que ocorrem no interior da própria realidade.

PEDAGOGIA COMO CIÊNCIA DA EDUCAÇÃO

Portanto, sujeito e objeto estão em contínua e dialética formação, evoluem por contradição interna, não de modo determinista, mas pela intervenção dos homens mediados pela prática. Marx propõe uma filosofia da práxis, uma vez que o conhecimento, a reflexão, o trabalho não devem ser tomados para compreensão de sentido, mas para realizar ações concretas com vistas à transformação do social.

Objetivos de sua ação pedagógica: a questão colocada à pedagogia será a de formar indivíduos *na e para a* práxis, conscientes de seu papel na conformação e na transformação da realidade sócio-histórica, pressupondo sempre uma ação coletiva, ideologicamente constituída, por meio da qual cada sujeito toma consciência do que é possível e necessário, a cada um, na formação e no controle da constituição do modo coletivo de vida. É uma tarefa política, social e emancipatória. A formação humana é valorizada no que diz respeito às condições de superação da opressão, da submissão e da alienação, quer do ponto de vista histórico, cultural ou político. Como os objetivos dessa pedagogia são sociais, coletivos e políticos, não são valorizadas atitudes espontaneístas ou naturalistas na ação pedagógica, mas são valorizadas as questões de disciplina, esforço e trabalho coletivos.

É importante esclarecer que as configurações que estabeleci neste trabalho não são definitivas, nem mutuamente exclusivas. Acredito que tais configurações coexistem hoje no mundo, com ênfases determinadas em cada tempo e espaço histórico. No entanto, é importante dizer que a intencionalidade do fenômeno educativo é mais ou menos explicitada, dependendo da configuração assumida. No caso da abordagem filosófica, a intencionalidade da ação educativa tende para o lado da busca de sentido, numa perspectiva de formação integral do sujeito, e menos para a organização das condições necessárias à concretização dessa ação educativa.

Já na abordagem técnico-científica a intencionalidade penderá para o lado oposto, uma vez que os esforços teórico-práticos dessa perspectiva valorizam a necessidade de organizar os processos de instrução com eficiência e eficácia. Sua perspectiva é, claramente, normatizar e prescrever a prática, para fins sociais relevantes. Convive-se ainda hoje com as decorrências bastante arraigadas dessa abordagem.

Os próprios professores, em processo de formação inicial ou contínua, solicitam prescrições e orientações à prática. Muitos cursos de formação de docentes, muitos programas de capacitação ainda hoje pautam-se por se organizarem em torno de "treinar habilidades e competências". Todas as orientações oficiais, decorrentes de normatização de diretrizes para formação de docentes e educadores, advindas das políticas públicas nacionais, via MEC, vêm carregadas de concepções que acreditam na formação de competências docentes e induzem a ela, numa perspectiva neoliberal da formação docente, com base no paradigma da racionalidade técnica.

Apenas a terceira abordagem, a formativo-emancipatória, pressupõe a integração de dois níveis de intencionalidade: os fins e os meios educativos, uma vez que os pressupostos de sua ação teórico-prática afirmam a prioridade da práxis como único caminho para a compreensão e a transformação da própria prática. Somente a práxis traz a intelegibilidade da intencionalidade. Diz Carr (1996: 101) que, fora da práxis, a prática é *poíesis*, uma ação que não modifica "a teme que a rege". A práxis, no entanto, é ativa, é vida, dá movimento à realidade, transforma-a e é por ela transformada.

Epistemologicamente refletindo, as diferenças entre essas três configurações iniciais marcam concepções diferentes ao sentido dessa ciência: quando foi, ou à medida que ainda está sendo considerada, como ciência da educação, no sentido lato do termo educação, a pedagogia ancora-se na filosofia e sua área de atuação centra-se no estudo da intencionalidade pretendida à ação educativa social, distanciando-se de preocupações com o saber-fazer docente, com a prática educativa e pedagógica.

À medida que a ciência pedagógica foi sendo considerada como a ciência da organização da instrução educativa, na configuração que denomino *técnico-científica* e, diga-se, sua mais forte e talvez consensual representação, sua atuação foi se tornando instrumental, tecnicista, tecnológica, distanciando-se dos sentidos da intencionalidade da prática e centrando-se no que Carr (1996) denomina de tecnologia da prática, utilizando-se do conceito de *poiésis*, para expressar um saber-fazer não reflexivo que destrói a imanência da inteligibilidade da práxis, impedindo a interpretação dessas práticas e a possibilidade

PEDAGOGIA COMO CIÊNCIA DA EDUCAÇÃO

de integrar sujeito e ação, ampliando os vácuos decorrentes da não-articulação de teorias com as práticas referentes.

Quando a ciência pedagógica vislumbra a possibilidade de ser a ciência que inevitavelmente é ideológica e política, e que se constrói sempre como um saber alinhado, ou um saber engajado, na abordagem que denomino de *crítico-emancipatória*, realça-se a focalização da práxis como objeto dessa ciência, num movimento que integra intencionalidade e prática docente, formação e emancipação do sujeito da práxis, permitindo vislumbrar a construção de passarelas articuladoras das teorias educacionais com as práticas educativas.

Note-se que, em todas as três configurações, a pedagogia se mostra como uma ação social de organização da educação de uma sociedade. E isto se dá quer na organização da intencionalidade social — distante de um projeto de intervenção na prática mas, ao contrário, um processo que fortalece a reflexão filosófica —, quer na estruturação prévia das condições organizacionais, didáticas e administrativas das salas de aula — no pressuposto de que a educação se faz pela instrução, conforme a ênfase herbatiana —, quer na proposta de sua ação no esclarecimento, na transformação e na orientação da práxis educativa da sociedade, onde desvela as finalidades político-sociais presentes no interior da práxis e reorienta ações emancipatórias para sua transformação.

Nas três configurações a ação pedagógica é pressuposta como "refletidora", organizadora ou transformadora da prática dos docentes. Sua ação, em qualquer das três configurações, embora muito associada à prática docente, difere desta, focaliza-a mas a transcende, o que me permite afirmar que a função pedagógica esteve historicamente associada à organização das ações que preparam, organizam e configuram a prática docente. O pedagogo não foi representado historicamente como docente, mas como aquele profissional que organiza as possibilidades da ação docente e isto se reafirma até por seu conceito etimológico inicial.

Acredito que numa sociedade como a brasileira, marcada por imensas desigualdades sociais, culturais e políticas, a ação educativa só poderá se exercer eticamente se tiver como pressupostos a emancipação dos sujeitos, a busca de condições que permitam redirecionar as estruturas que perpetuam a desigualdade, para condições que, pelo menos, invencionem a superação das exclusões, pois a humanização só se fará pela transformação das condições que produzem essa realidade opressora, discriminatória.

Dessa forma, minha opção é por uma ciência pedagógica que, em seu fazer social, assuma-se como instrumento político de emancipação dos homens, na direção de reorganizar condições de maior dignidade e igualdade entre os homens. Assim, reafirmo que a pedagogia, na qualidade de ciência, há que ser formativa, de modo a poder ser emancipatória. Nas páginas seguintes, minha preocupação será a de fundamentar o caminho necessário para a estruturação científica das bases que deverão fundamentar o exercício científico da Pedagogia.

CAPÍTULO 2

A Pedagogia como ciência da educação

> *Uma teoria é, prioritariamente, a própria dialética que percorre o sujeito e o objeto enquanto ultrapassados por um projeto dinamizado por um modelo histórico e epistemicamente referenciado, mas sempre transgressor.* (Dias de Carvalho, 1996: 46)

Tive a intenção de deixar explicadas, nas páginas anteriores, as razões que me levam a afirmar que a pedagogia foi gradativamente perdendo as possibilidades de se fazer científica, quando pretendeu organizar sua racionalidade e sua prática social dentro dos pressupostos da ciência moderna, de fundamentos positivistas, moldes estes inadequados à sua epistemologia.

À medida que a pedagogia foi sendo vista como organizadora do fazer docente, dos manuais, dos planos articulados, feitos com uma intencionalidade não explícita, ela foi se distanciando de sua identidade epistemológica, qual seja, de ser a articuladora de um projeto de sociedade. Assim ela caminha perdendo seu sentido, sua identidade, sua razão de ser, a ponto de hoje vermos, na intenção das políticas públicas, um movimento articulado de anunciar sua quase desnecessidade social.

Pode-se hoje observar um grande distanciamento entre a esfera das ações educativas e a esfera do exercício pedagógico. A educação tem se organizado na sociedade de modo distante das ações pedagógicas. E temos hoje uma sociedade muito complexa, com forte potencial educacional. Será preciso e necessário que ações científicas e pedagógicas possam produzir transformações desse potencial em possibilidades educativas, reintegrando novamente o educativo ao pedagógico.

A crescente dissociação entre a atividade educativa e o exercício pedagógico foi produzindo a não-valorização científica da pedagogia que, abdicando de ser a ciência da educação, foi se contentando em ser apenas um instrumento de organização da instrução educativa. Outras ciências, distantes da ótica do pedagógico, foram assumindo o papel que lhe deveria ser destinado, qual seja, o de mediadora interpretativa da práxis.

Decorre então que as teorias educacionais, que antes foram teorias sociológicas, psicológicas, antropológicas, não deram conta de serem instrumentos fomentadores de práticas educativas. Inevitavelmente, a não-fecundação mútua de teorias educacionais e práticas pedagógicas foi redundando na instrumentação acrítica das práticas, produzindo caminhos lineares e paralelos entre os dois pólos da ação educativa e, dessa forma, o fosso entre a teoria e a prática pedagógica foi ficando cada vez maior, subdimensionando-se a validade teórica e prática da pedagogia.

Assim, ao se pretender reconduzir a pedagogia como ciência da prática educativa, em consonância com as demandas e as possibilidades do contexto histórico contemporâneo e consonante à sua matriz epistemológica, será preciso considerar que ela deve ter necessariamente um papel político, uma vez que estará sempre refletindo, avaliando, propondo à discussão os fins e os valores da educação, num determinado tempo e espaço históricos.

Numa sociedade de classes, nem sempre tão democrática como se pretende um ideal humanista, há que se perguntar: a serviço de que interesses está a pedagogia — da manutenção dessa mesma sociedade ou da transformação dela? Se estiver a serviço da transforma-

PEDAGOGIA COMO CIÊNCIA DA EDUCAÇÃO

ção, em que direção caminham tais transformações? Se estiver a serviço da manutenção, quais os interesses que estão sendo contemplados nessa relação?

É fundamental que perguntemos também: como se estabelece a relação da pedagogia com outras ciências? De que forma seus conhecimentos são avaliados pela ótica do pedagógico?

A prática educativa foi sendo gradativamente colonizada, interpretada, avaliada, consumida pela ótica de diferentes profissionais, com diferentes perspectivas científicas, que atuaram desconsiderando a necessidade de fomentar a interpretação da ideologia que esteve subsumida a essas ciências auxiliares, em cada momento histórico. Devemos ainda refletir sobre *qual deve ser o objetivo neural da ação pedagógica, seu irredutível epistemológico*. Se consideramos que sua ação deve estar diretamente vinculada à humanização da sociedade, ela será sempre um instrumento político, portanto é fundamental que ela funcione como uma ação social inclusiva e participativa, e que fique clara sua posição a favor da humanização, da equalização de oportunidades, da construção da justiça e da paz entre os homens. Ela precisa ser explícita e democrática.

E mais, estando a pedagogia a serviço da humanização do homem, isso significa estar ao lado de sua emancipação, de sua libertação. Há que se lembrar que a emancipação se fará em estreitas, contínuas, dialéticas relações do homem com a cultura, do ser com o significado. Não haveria necessidade de pedagogia se não fosse crucial ao homem, para se fazer homem, ser conduzido à cultura e, nesse processo, apreender, interpretar, criar significados para que, amalgamado com os significados da cultura, fazer-se homem e construtor da cultura.

A pedagogia, para poder dar conta de seu papel social, deverá definir-se e exercer-se como uma ciência própria, que liberta dos grilhões de uma ciência clássica e da submissão às diretrizes epistemológicas de suas ciências auxiliares, a fim de que possa se assumir como uma ciência que não apenas pensa e teoriza as questões educativas, mas que organiza ações estruturais, que produzam novas condições de exercício pedagógico, compatíveis com a expectativa da emancipação da sociedade.

Assim, acredito que a pedagogia deve caminhar num espaço aberto continuamente pela crítica, pela autocrítica, criando espaços e movimentos libertadores, em sua concepção epistemológica, em sua metodologia de pesquisa, em seu fazer social; novas demandas devem ser incorporadas à ciência da educação: sabendo-se política, sabendo-se que deve estar alinhada com uma direção, deve tornar-se um processo de formação de consciências, de mediação de interesses e de defesa e criação de mecanismos democráticos, participativos, inclusivos.

Neste capítulo apresento os fundamentos da consideração da pedagogia como ciência da educação. Parto da análise da especificidade do objeto geral da ciência pedagógica, ou seja, a educação. A seguir, delimito, dentro do âmbito da educação, o foco privilegiado para se organizar a ação científica da pedagogia, ou seja, a práxis educativa. Assim fundamento a pedagogia como a ciência que terá por finalidade o esclarecimento reflexivo e transformador dessa práxis, discutindo as mediações possíveis entre teoria e práxis educativa. Considerando que uma ciência deve estabelecer articulações entre objeto e método, esclareço os pressupostos metodológicos desta ciência e indico alguns caminhos para o exercício profissional dos pedagogos.

A especificidade do objeto de estudo da Pedagogia

Não é nova a questão de se reconhecer a educação como um objeto de estudo bastante complexo. Diferentes filósofos, educadores, professores constataram e discutiram essa especificidade. Mas, apesar desse reconhecimento e dos muitos estudos na área, ainda permanece a questão das possibilidades científicas de uma ciência da educação.

Diversas disciplinas têm a educação como seu objeto de estudo e concorda-se que esse objeto, a educação, reveste-se de mil faces para se fazer inteligível a diversos aportes teóricos, que referendam variadas metodologias para sua compreensão. No entanto, há algumas convergências e considerações quase consensuais ao se referir à educação. Assim, estabelecerei alguns pontos de partida, que estarão fundamentando minha proposta de privilegiar à pedagogia o estudo, a compreensão e a transformação da práxis educativa:

- A educação é uma prática social humana; é um processo histórico, inconcluso, que emerge da dialeticidade entre homem, mundo, história e circunstâncias. Sendo um processo histórico, a educação não poderá ser apreendida por meio de estudos metodológicos que congelam alguns momentos de sua prática. Deverá o método dar conta de apreendê-la em sua dialeticidade, captando não apenas as objetivações de uma prática real concreta, mas a potencialidade latente de seu processo de transformação.

- A educação, como prática social histórica, transforma-se pela ação dos homens e produz transformações nos que dela participam. Dessa forma, cabe à ciência da educação reconhecer que, ao lado das características observáveis do fenômeno, existe um processo de transformação subjetiva, que não apenas modifica as representações dos envolvidos, mas produz uma ressignificação na interpretação do fenômeno vivido, o que produzirá uma reorientação nas ações futuras. Será fundamental que o método da ciência pedagógica abra espaço para que os sujeitos envolvidos tomem consciência do significado das transformações que vão ocorrendo em seu processo histórico.

- A educação é um objeto de estudo que se modifica parcialmente quando se tenta conhecê-la, assim como, à medida em que é apropriada, produz alterações naquele que dela se apropriou. Aqui realça-se a necessidade do caráter dialético pressuposto a essa ciência, no sentido de considerar como prioritária a incorporação da subjetividade construindo a realidade da educação dentro da perspectiva da interpretação coletiva. Será fundamental que o método dessa ciência permita a captação dos significados que os sujeitos vão construindo em processo.

- A educação permite sempre uma polissemia em sua função semiótica, ou seja, nunca existe uma relação direta entre o significante observável e o significado. Assim, a ciência da educação precisa considerar necessário adentrar o suposto concreto, caminhar na exploração de sua representação abstrata e buscar o novo concreto, expressão mais fiel da "síntese de múltiplas determinações".

- A educação carrega sempre a esfera da intencionalidade — o que lhe dá um caráter de complexidade axiológica —, que requer uma atitude de *multirreferencialidade* (Ardoino) e exige que o método dessa ciência tenha a possibilidade de adentrar na esfera de valores e que seus dados, quer quantitativos ou qualitativos, sejam analisados a partir dos valores implícitos, dos valores declarados e dos valores não explícitos mas presentes nas concepções sociais, ideológicas, culturais.

- As situações de educação estão sempre sujeitas às circunstâncias imprevistas, não planejadas e, dessa forma, os imprevistos acabam redirecionando o processo muitas vezes permitindo uma reconfiguração da situação educativa. Portanto, um método científico, ao estudar a educação, precisa dar espaço de ação e de análise ao não planejado, ao imprevisto, à desordem aparente, e isso deve pressupor a ação coletiva, dialógica e emancipatória entre sujeitos da prática e o pesquisador, também sujeito da prática.

- A educação, tendo por finalidade a humanização do homem, integra sempre um sentido emancipatório às suas ações; assim, o método científico que a estudará deverá ter como pressuposto a necessidade de sua produção a partir do coletivo, utilizando-se de procedimentos que possam desencadear ações formadoras e incentivadoras dessa emancipação, produzindo a transformação democrática da realidade.

- Toda ação educativa carrega em seu fazer uma carga de intencionalidade que integra e organiza sua práxis, confluindo para a esfera do fazer as características do contexto sociocultural, as necessidades e possibilidades do momento, as concepções teóricas e a consciência das ações cotidianas, num amalgamar provisório que não permite que uma parte seja analisada sem referência ao todo, nem que este seja visto como síntese provisória das circunstâncias parciais do momento. Assim, para ser estudada cientificamente, a educação requer procedimentos que permitam ao pesquisador adentrar na dinâmica e no significado da práxis, de forma a poder compreender as teorias implícitas que permeiam as ações do coletivo.

A educação é um objeto complexo e suas manifestações, ao serem apreendidas cientificamente, não devem sofrer reduções nem fragmentações, sob pena de se produzir descaracterização. Por isso, digo que os critérios de cientificidade pressupostos à ciência tradicional não podem dar conta, e não deram, de estudar a educação. A educação, como objeto de estudo, sofreu prejuízos em sua interpretação no decorrer da história e hoje requer procedimentos e ações dentro de uma racionalidade que lhe é pressuposta.

Sabe-se que a educação, como fenômeno global que permeia toda sociedade humana, não pode ser objeto de uma única ciência.

Assim, quando pretendo reivindicar à pedagogia ser a ciência da educação, tenho que considerar:

- A necessidade de delimitação do objeto de estudo, ou seja, que dimensão da educação deverá ser objeto de estudo da pedagogia?

- A ampliação do sentido de ciência, considerando novos pressupostos epistêmicos, compatíveis com a essencialidade do fenômeno educativo delimitado como objeto.

- A organização de pressupostos metodológicos que permitam a análise dialética do real, facilitando o acesso aos significados que os sujeitos construíram e estão construindo em seu fazer social, proporcionando condições de reinterpretação desse real, reconfigurando e ampliando a rede de significados com vistas a uma ação cada vez mais emancipatória.

Esses aspectos são enfatizados por Pérez-Gómez (1998: 101), ao afirmar que, diferentemente das ciências naturais, o objetivo da investigação educativa "não pode reduzir-se à produção de conhecimento para incrementar o corpo teórico do saber pedagógico", mas que esse conhecimento deverá incorporar-se no pensamento e na ação dos envolvidos no processo, uma vez que "a intencionalidade e o sentido de toda investigação educativa é a transformação e o aperfeiçoamento da prática".

Apostar na pedagogia como ciência da educação significa pressupor a necessária intercomunicação entre pesquisa e transformação, entre teoria e prática, entre consciência e intencionalidade. Significa acreditar que todo processo de investigação deverá se transformar em processo de aprendizagem que criará à prática novas possibilidades de superar dificuldades, de se recriar constantemente, de se autoavaliar e assim modificar e aprofundar seu próprio objeto de estudo.

Para a construção de um específico à ciência pedagógica, acredito que valha fazer outras apostas e nelas investir, buscando consensualidade, rigor científico e transgressões ao já visto. Assim reafirmo que, para reorganizar hoje as possibilidades da pedagogia como ciência da educação, haverá que se levar em consideração as seguintes perspectivas:

- Partir de uma nova dimensionalidade à questão de sentido do científico; será preciso superar os limites impostos pela racionalidade moderna e adentrar em pressupostos que contemplem a dialeticidade e a complexidade inerentes ao objeto de estudo em questão (a educação).

- Considerar a relatividade de abrangência dessa ciência: ela deverá se reestruturar tendo por base as principais demandas postas a uma sociedade, sem deixar de considerar sua essencialidade, qual seja, a produção da humanidade nos homens. Essa relatividade histórica será uma das referências a indicar raciocínios e reflexões a respeito de respostas ao dilema: *o que pode e deve ser essa ciência hoje?*

- Considerar que pensamento pedagógico e saberes pedagógicos são indissociáveis: a prática deverá fecundar as teorias e estas iluminarem as práticas, buscando uma nova lógica que permita ao cientista adentrar as portas da prática e aos práticos participar dos processos de pesquisa e construção de conhecimento.

PEDAGOGIA COMO CIÊNCIA DA EDUCAÇÃO

- Dessa forma, há que se realçar o papel da pesquisa como *fecundadora* das próprias práticas, assumindo, o caráter emancipatório, um papel propriamente pedagógico, no sentido de difusão de seus próprios saberes, ao mesmo tempo em que esses saberes se fazem e se reorganizam pela própria ação da pesquisa. A pesquisa pedagógica deverá assumir compromissos com a autoformação dos sujeitos da prática.

- A intencionalidade das práticas educativas, realizadas quer na escola, quer em outros espaços educativos, deve ser elaborada no coletivo, pelos educadores, e mediatizada pela reflexão científica, emancipatória e crítica de profissionais formados para esse fim (os pedagogos).

- A pedagogia deve ter como um dos focos essenciais de seu trabalho o fazer educacional não só das escolas e de seus professores, mas das diversas instituições com possibilidades educativas. Deve organizar-se na perspectiva de uma ação científica, essencialmente educativa, numa relação de humanização, orientação, leituras das diferentes práticas educacionais, ao mesmo tempo em que organiza espaços e condições para que tais práticas possam ir se transformando e se adequando às novas condições que vão sendo construídas.

A Pedagogia como ciência da educação

Parafraseando Libâneo, podemos perguntar: que destino daremos à pedagogia como ciência da educação?

Começarei do incontestável, ao considerar que o objeto de estudo da ciência pedagógica é a educação.

Sabe-se da enorme complexidade desse objeto, e sabe-se também que a educação configura-se, estabelece-se, estrutura-se em diversas dimensões. Sua dimensão privilegiada é a prática educativa, vista como prática social intencionada, na qual confluem as intencionalidades e as expectativas sociais, em que se determinam os contextos da existência humana num determinado grupo social, na qual se concretiza a realidade subjetivada, num processo histórico-social que se renova continuamente.

Assim, considero que a dimensão da educação que será o objeto da pedagogia como ciência será a práxis educativa. A práxis da educação será assim apreendida como a realidade pedagógica.

No entanto, há que se considerar que, cada vez mais, educadores têm presenciado a ampliação do conceito de prática educativa.

Sabe-se, observa-se, constata-se, que a escola é um espaço privilegiado do exercício da ação educativa, ao lado de muitos outros espaços, que concorrem, confluem, ampliam ou completam o lócus educativo escolar. Todos os outros espaços, além da escola, produzem influências formativas sobre os sujeitos, produzem saberes, propõem comportamentos e valores, estimulam ações e pensamentos. No entanto, nem sempre estão explícitas as intencionalidades presentes nessas práticas.

Costumo dizer que todas as práticas sociais exercidas, quer pelos diversos meios de comunicação, quer por diversas instituições culturais, políticas, sociais ou por diferentes agrupamentos, organizações, associações culturais, recreativas e demais meios tecnológicos, possuem potencial educativo. No entanto, se não forem pedagogizadas, permanecem na esfera de serem influências educacionais, muitas vezes poderosas influências, deixando de estarem contribuindo para uma formação ética e emancipatória dos sujeitos.

Assim, quero discernir o mero exercício de influências educacionais de um exercício comprometido, intencional e ético da prática educativa. A este último denomino de práxis educativa.

Passo a partir disso a considerar que toda *prática educativa* deve incorporar o mesmo sentido de *práxis educativa*, alertando que, na dimensão educativa, prática deve ser vista sempre no sentido de práxis.

No entanto, proponho que nossa sociedade se transforme numa sociedade eminentemente pedagógica, conforme expressão de Beillerot (1985). Para assim ser, não basta considerar o potencial educativo aberto pelos mais contemporâneos meios de comunicação, mas há que se articular meios e fins, numa dimensão ética, para realmente educar e formar uma nova geração de cidadãos. Há que se pedagogizar a sociedade: uma tarefa a ser empreendida por toda a sociedade, mas referenciada e mediada por pedagogos.

Pimenta (1997c) afirma que a atividade docente é sempre práxis, uma vez que essa ação envolve necessariamente:

- o estabelecimento de uma intencionalidade, que dirige e dá sentido à ação;
- o conhecimento do objeto que se quer transformar, na direção de sua intencionalidade, que já é determinada em função desse conhecimento;
- a intervenção planejada e científica sobre o objeto com vistas à transformação da realidade social.

No limite, pode-se afirmar que a atividade docente que se organiza de modo mecânico, casual, espontâneo, sem explicitação das intencionalidades, deixa de ser práxis educativa, deixa de ser atividade docente. Freire (1997: 32)[1] afirma que: "faz parte da natureza da prática docente a indagação, a busca, a pesquisa. O que se precisa é que, em sua formação permanente, o professor se perceba e se assuma, porque professor, porque pesquisador".

A questão da práxis educativa

Para a filosofia marxista, a práxis é entendida como a relação dialética entre homem e natureza, na qual o homem, ao transformar a natureza com seu trabalho, transforma-se a si mesmo. Marx e Engels (1994) afirmam, na oitava tese sobre Feuerbach, "que toda vida social é essencialmente prática. Todos os mistérios que dirigem a teoria para o misticismo encontram sua solução na práxis humana e na compreensão dessa práxis".

Kosik (1995: 222) afirma que a práxis é inerente ao ser humano e que, portanto, não é uma atividade prática contraposta à teoria, mas práxis "é determinação da existência como elaboração da realidade".

---

1. Em nota de rodapé.

Carr (1996: 101) considera que o característico da práxis é ser uma forma de ação reflexiva que pode transformar a teoria que a determina, bem como transformar a prática que a concretiza. Na práxis, diz Carr, "nem a teoria, nem a prática tem anterioridade, cada uma modifica e revisa continuamente a outra". O autor diferencia o conceito de *poíesis* — uma forma de saber-fazer não reflexiva — do conceito de práxis — eminentemente uma ação reflexiva —, e assim afirma que a prática educativa não se fará inteligível, como forma de *poíesis*, cuja ação será regida por fins pré-fixados e governada por regras predeterminadas. Para o autor, a prática educativa só adquirirá inteligibilidade "à medida que for regida por critérios éticos imanentes à mesma prática educativa", critérios estes que, segundo o autor, servem para distinguir "uma boa prática de uma prática indiferente ou má".

Considero importante a referência à inteligibilidade da prática educativa, ou seja, a prática só é inteligível como práxis. Fora da práxis, a prática é *poiésis*, uma ação que não modifica a *tecne que a rege*.

A práxis é ativa, é vida, dá movimento à realidade, transforma-a e é por ela transformada.

Os estudos que historicamente tivemos sobre a prática educativa — que se utilizaram de metodologias que desconsideravam a realidade da práxis — informaram-nos sobre a "tecnologia' da prática, sobre as ações visíveis e observáveis dessa prática, sobre impressões que se construíram sobre o visível das práticas. Mas seu sentido latente, dinâmico, elaborado, transformador em processo, não foi captado. Utilizou-se um outro conceito de práxis, como afirma Kosik (1995: 218):

> a práxis se identificou com a técnica, no sentido mais amplo da palavra, e foi entendida e praticada como manipulação, técnica do agir, arte de dispor de homens e coisas, em suma, como poder e arte de manipular o material humano ou as coisas.

Entender o sentido de práxis como transformação e criação é compreender um novo sentido de homem, uma nova concepção de mundo.

PEDAGOGIA COMO CIÊNCIA DA EDUCAÇÃO

A ação educativa verdadeira só pode ser vista como práxis que integra, conforme Kosik, dois aspectos: o laborativo e o existencial, e que se manifesta tanto na ação transformadora do homem como na formação da subjetividade humana. Quando se deixa de considerar o lado existencial, a práxis se perde como significado e permite ser utilizada como manipulação.

Uma característica importante da práxis, analisada por Vásquez (1968: 240), é o caráter finalista da práxis, antecipador dos resultados que se quer atingir, e esse mesmo aspecto é enfatizado por Kosik (1995: 221), ao afirmar que: na práxis "a realidade humano-social se desvenda como o oposto ao ser dado, isto é, como formadora e ao mesmo tempo forma específica do ser humano".

Talvez seja por isso que o autor diz que a práxis tanto é objetivação do homem e domínio da natureza, como realização da liberdade humana. Note-se, portanto, que a práxis permite ao homem conformar suas condições de existência, transcendê-las e reorganizá-las. "Só a dialética do próprio movimento transforma o futuro" e essa dialética carrega a essencialidade do ato educativo: sua característica finalista, ou a construção do oposto *ao ser dado*.

Gutiérrez (1988) afirma que o educador, quando carrega a convicção de estar preparando homens para uma sociedade justa e democrática, atuará de forma radicalmente diferente daquele cuja preocupação máxima seja o cumprimento de diferentes itens de um programa.

Adentrar nessas diferentes atuações, identificar os sentidos que fundamentam essas diferenças é parte do papel da ciência pedagógica; explicitar e discutir com os protagonistas essas diferenças também fazem parte de seu papel; identificar com o coletivo os pressupostos ideológicos que constroem essas diferenças também faz parte de sua ação científica.

A práxis educativa, objeto da ciência pedagógica, caracteriza-se pela ação intencional e reflexiva de sua prática. Diferentemente de outras práticas sociais, que até podem funcionar, em certos momentos, como práticas educativas, mas que prescindem dessas condições e que, por não serem organizadas intencionalmente, não foram, até então, objeto de estudo da pedagogia, apesar de estarem incluídas no amplo contexto da educação.

A práxis educativa ocorre prioritariamente em *lócus* formais, especialmente na escola, mas não exclusivamente, pois ocorre na família, pode acontecer no trabalho, nos processos de comunicação social, dentre muitos, ou seja, onde houver uma intencionalidade a se concretizar, permeada por um processo reflexivo de fins e meios.

A práxis pedagógica

A ação teórico-prática dessa ciência (pedagogia) sobre seu objeto, que é a práxis educativa, poderá ser compreendida com práxis pedagógica. A práxis pedagógica poderá se exercer onde a prática educativa acontece.

Normalmente se prioriza a análise do exercício da ciência pedagógica na escola, sobre a práxis educativa escolar, pela relevância social dessa instituição na emancipação da sociedade. No entanto, à medida que nossa sociedade tem diminuído as fronteiras entre conhecimento formal e informal, entre espaços escolares e não-escolares, urge a ampliação da tarefa pedagógica sobre os mais diversos ambientes potenciais de aprendizagem e formação. A prática pedagógica pode e deve se realizar cientificando e humanizando essa prática nos mais diversos ambientes: jornais, televisão, editoras, hospitais, empresas, serviços públicos, trabalhos comunitários, recreativos, formação contínua e profissionalizante nos diferentes ambientes laborais, em presídios, fábricas, projetos culturais, projetos sociais.

A práxis pedagógica será o exercício do fazer científico da pedagogia sobre a práxis educativa.[2]

---

2. Em razão da dubiedade que os termos prática educativa e prática pedagógica produzem, quero aqui colocar um exemplo dessa distinção que estou realizando. Um professor ao dar uma aula está no exercício de uma prática educativa. A ação de um pedagogo exercendo uma tarefa de compreensão científica dessa prática do professor estará exercendo uma prática pedagógica. Essa ação do pedagogo poderá ser realizada pelo próprio professor, que, fruto de um processo de formação contínua, torna-se pesquisador, e então esse professor estará

Poderemos estabelecer que o objeto da pedagogia, *como ciência da educação, será o esclarecimento reflexivo e transformador dessa práxis.*

Conforme pode-se observar no quadro abaixo:

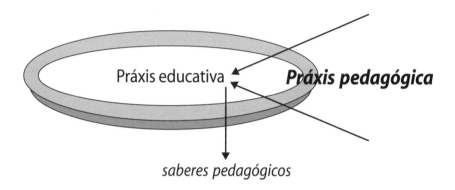

Figura 1 — Pedagogia como ciência da educação

Para melhor compreender o gráfico como expressão de minha proposta de redefinir o objeto de estudo da pedagogia, será preciso inverter o raciocínio epistemológico que historicamente tem conduzido a lógica dessa ciência para assim expressá-lo:

- a cada práxis educativa corresponde uma teoria implícita que fundamenta essa práxis; o mesmo ocorrerá com a práxis pedagógica;
- será necessário esclarecer cientificamente essa teoria implícita, para fazê-la transparecer, para objetivá-la, para compreendê-la, para transformá-la;
- considerar que as práticas educativas e pedagógicas só poderão ser transformadas a partir da compreensão dos pressu-

---

exercendo, concomitantemente, as práticas educativa e pedagógica, e este será, como veremos adiante, um dos objetivos a serem atingidos pela ciência pedagógica. Esclareço, no entanto, que essa ação pedagógica do professor sobre sua própria prática só atingirá seus objetivos quando realizada coletivamente, na dialética do social.

postos teóricos que as organizam e das condições dadas historicamente;

- considerar também que a prática, como atividade sócio-histórica e intencional, precisa estar em constante processo de redirecionamento, com vistas a se assumir em sua responsabilidade social crítica;
- portanto, caberá à pedagogia, como ciência da educação, ser a interlocutora interpretativa das teorias implícitas na práxis, e ser também a mediadora de sua transformação, para fins cada vez mais emancipatórios.

Assim, caberá à pedagogia ser a ciência que transforma o senso comum pedagógico, a arte intuitiva presente na práxis, em atos científicos, sob a luz de valores educacionais, garantidos como relevantes socialmente, em uma comunidade social. Seu campo de conhecimentos será formado pela interseção entre os saberes interrogantes das práticas, os saberes dialogantes das intencionalidades da práxis e os saberes que respondem às indagações reflexivas formuladas por essas práxis.

Portanto, a pedagogia, assim constituída, supera a dualidade inicial entre ser arte ou ciência da educação para ser a ciência que transforma a arte da educação — o saber-fazer prático intuitivo — em ação educativa científica, planejada, intencional.

Há de se notar que a realidade da prática educativa se faz por meio de ações artesanais, espontâneas, intuitivas, criativas, que vão se amalgamando, em cada momento de decisão, em ações refletidas, apoiadas em teorias, organizadas por meio de críticas, autocríticas, de expectativas de papel. Nesse sentido, no exercício da prática educativa, convivem dimensões artísticas e científicas, expressas pela dinâmica entre o ser e o fazer; entre o pensar e o realizar; entre o poder e o querer realizar.

Digo que a pedagogia supera a dualidade inicial entre ser arte e ciência, uma vez que, como ciência, deverá se exercer sem descaracterizar seu objeto de estudo, portanto sem deixar de considerar, na práxis educativa, a presença concomitante, atávica, imanente, da ciência e da arte. Cabe-lhe cientifizar essa situação, esclarecendo, respeitando, desvelando, dando oportunidades para transformações desse universo da prática educativa.

Nesse sentido, cabe-lhe o espaço de sua autonomia como ciência, pois, para realizar essa tarefa, ela terá que possuir um sistema único, mas não estático, de fundamentos, metodologias e ações próprias, no qual estarão incluídos saberes de diversas ciências.

Disse anteriormente que seria preciso inverter a epistemologia, pois sabe-se que, historicamente, os grandes descaminhos da pedagogia ocorreram pela dissociação crescente entre práxis e teorias e que o caminho procurado de articulação desses pólos foi sempre a busca de novas teorias para "consertar" a prática, adequá-la a novos fins ou objetivos, num processo crescente de ignorar as razões implícitas da prática cotidiana. Observa-se ainda que, historicamente, a prática educacional esteve sempre tentando aplicar, em seu fazer, teorias de outros, com outros significados, que não conseguiam, no geral, invadi-la, fecundá-la, persuadi-la à mudança.

Invertendo-se essa epistemologia de aplicar o novo sobre o real, de infundir as novas idéias para arrumar o que "caminha mal", pretende-se que a pedagogia organize fundamentos, métodos e ações para retirar da práxis a teoria implícita e cientificá-la *a posteriori*, juntamente com seus protagonistas, dentro de uma ação crítica, pautada na responsabilidade social de uma prática pedagógica. Essa ação requer a autonomia do olhar pedagógico, mas carece de todos os saberes "explicativos" de outras ciências.

Em vez de aplicar algo novo sobre o real, será retirar o mais antigo que fundamenta o real, com base numa análise crítica de seus fundamentos e de seus resultados, para assim fazê-lo novo e suporte para outros novos...

Dessa forma, resgatar-se-á à pedagogia não apenas seu espaço de autonomia, mas — e principalmente — seu caráter essencial de ciência crítico-reflexiva, que, considero, foi-lhe tirado quando da emergência da cientificidade moderna, que impregnou o fazer educativo-pedagógico com estratégias que visavam a um "modo correto de fazer as coisas" ou, mais tarde, a busca de *competência técnica*, distanciando dela sua possibilidade de se fazer ciência da práxis, para a práxis, por meio de um processo contínuo de reflexão transformadora.

A prática foi se transformando em aplicação de modos de fazer, cativa da teoria, cabendo à pedagogia, historicamente, escolher culpados de um processo educativo fracassado e sobre eles elaborar teorias...

Acredito que uma decorrência também importante dessa proposta será a de retomar aos professores, educadores, o caráter da responsabilidade social da prática. Toda prática carrega uma intencionalidade, uma concepção de homem, de sociedade, de fins, e estes precisam estar claros para os que exercem a prática educativo-pedagógica, e também aos que são a ela submetidos, dentro de uma postura ética, essencial ao ato educativo.

Esse movimento de reapropriação da responsabilidade social docente, do compromisso político da profissão, produzirá um processo crescente de conscientização dos *fazedores* da prática educativa, essencialmente os professores, e dos *fazedores* da prática pedagógica, essencialmente os pedagogos, em relação à responsabilidade social e política da prática exercida cotidianamente.

À medida que as teorias implícitas vão sendo decifradas, outros saberes, de diversas áreas, se fazem necessários, emprestando à ciência pedagógica suas contribuições.

Como requeremos ações científicas sobre a práxis, por meio de interpretação e de análise crítica das mesmas e de reconstrução de novas ações, ao pesquisador serão necessários um pensamento essencialmente dialético, um olhar fenomenológico e um fazer crítico-dialético.

Pensamento dialético significa, nesta minha afirmação, uma concepção a respeito da constituição do homem e do mundo oposta à concepção metafísica, que pressupõe que os fenômenos sociais são regidos por leis naturais, mecânicas, e portanto passíveis de serem previstos e controlados. Já o pensamento dialético deve pressupor que a realidade se constitui de modo histórico-social, numa dialética de múltiplas determinações e que, dessa forma, o concreto que supostamente vemos é uma totalidade articulada, construída e em construção histórica, devendo o pensamento dialético, assim, buscar as leis de constituição desse real. O desafio do pensamento será o de trazer para o plano do conhecimento essa dialética dos movimentos constituintes do real.

Por olhar fenomenológico estamos aqui considerando que o objeto de estudo da pedagogia, a práxis educativa, não se mostra a princípio ao observador. Será preciso adentrar na sua dinâmica, nos significados que compõem sua realidade, nos sentidos que o coletivo vai construindo. O olhar fenomenológico permite encontrar dados para compor a compreensão da realidade, do concreto da realidade. Kosik (1995), ao analisar a dialética como método, diz que para se chegar à realidade concreta dos fenômenos é preciso realizar um *détour*: partir dos fatos empíricos, superar as impressões primeiras e ascender a seu âmago, às leis fundamentais. Considero que o olhar, que a postura fenomenológica são fundamentais nesse processo de superar as impressões primeiras e ir à busca da essência das leis que antecedem à constituição dos fenômenos.

É também fundamental o olhar fenomenológico na explicitação das ideologias subjacentes às práticas cotidianas, bem como para desvendar e decifrar os pressupostos implícitos nos discursos, nos textos da existência, nas comunicações. Além disso, quando se pretende a transformação das condições em que se exercem as práticas, essa metodologia do olhar fenomenológico passa a ter uma finalidade ética, de no coletivo apropriar-se dos significados construídos e, a partir deles, empreender a tarefa de transformação que precisa ser tecida e organizada em movimentos que construam intersubjetivamente essa proposta.

Por fazer crítico-dialético estou considerando a postura científica que denomino *formativo-emancipatória*, que carrega em sua racionalidade o caráter dialético da realidade social, bem como a lógica dialética na organização do conhecimento. Essa ação deve implicar atitudes problematizadoras e contextualizadoras das circunstâncias da prática; trabalhar com a perspectiva crítica sobre as ideologias presentes na prática; ter por objetivos a emancipação e a formação dos sujeitos da prática; trabalhar no coletivo a partir da intersubjetividade construída, e em contínua construção, e pressupor, como fim de sua ação, a transformação das condições opressoras.

Essa proposta que aqui faço parece bem referendada por Schmied-Kowarzik (1983) quando analisa a dialética da experiência da situação educacional como diretriz para a ação educativa. Ele diz que todo educador precisa reconhecer e dominar educacionalmente as situações educativas e suas exigências e que capacitar o educador nesse sentido é a tarefa primeira da pedagogia.

Dominar as situações educativas não significa que o professor deva ser apenas treinado em habilidades e competências, como poderia pressupor a pedagogia científica pós-herbatiana. Dominar suas exigências não significa submeter-se às exigências das circunstâncias, mas estar preparado para percebê-las e agir a partir delas. Dominar as situações educativas significa que o professor precisa estar criticamente avaliando e transformando os movimentos dialéticos da práxis.

Para compreender essa situação de maneira dialética, Schmied-Kowarzik apóia-se em W. Flitner, que reafirma que as exigências educacionais não podem ser inferidas, linearmente, de proposições normativas, mas sempre a partir das situações concretas em que a educação é postulada.

A ciência da educação precisa perceber que é muito pouco oferecer ao educador teorias sobre fatos e normas observadas, mas será preciso auxiliar o educador "a perceber as exigências de cada situação educacional concreta, de tal forma que ele se torne apto a levá-las a cabo autonomamente" (Schmied-Kowarzik, 1983: 50).

Essa questão é fundamental quando se pretende a reconstituição da pedagogia como ciência da educação, pois, em seu caminhar como ciência, a pedagogia se equivocou ao pretender ser a normatizadora não da educação, mas do proceder do professor. Essa postura engessou a formação dos professores, negligenciado o fato de que o professor, sem autonomia de perspectiva, de criação, amarrado às teorias, irá deixando de ser professor para ser um mero instrutor.

A ciência pedagógica deve se responsabilizar em oferecer as condições para que o educador, em processo de prática educativa, saiba perceber os condicionantes de sua situação, refletir criticamente sobre eles, saber agir com autonomia e ética. O autor, baseado em Flitner, diz que essa posição sobre a reflexão da responsabilidade do educador deve ser o cerne da ciência pedagógica e que, por isso, o fazer dessa ciência é sempre uma *réflexion engagée*.

A pedagogia não poderá ser ciência se não se organizar em torno da reflexão engajada, devendo se constituir como ciência crítica e reflexiva, mergulhada no universo da prática educativa, engajada nos anseios do coletivo, sabendo, por princípio, que não basta a ela ser uma ciência da crítica sobre a prática. Isto é pouco e não é um caminho fecundador de novas percepções.

Theodor Litt, também comentado por Schmied-Kowarzik (1983: 51), reafirma essa questão das necessidades de um professor em sua prática educativa ao dizer que o professor precisa mais do que um esclarecimento teórico, *a posteriori*, sobre sua práxis, ele precisa de conhecimentos "que atuem sobre a prática da educação (...), ofereçam ensinamentos, indiquem caminhos, apresentem objetivos à própria atividade do educador".

Essa colocação aponta caminhos importantes para todos os que se preocupam com a formação de professores.

Mas cabe a observação de que a concepção de Litt está distante de um sentido de ciência aplicada, que busca, de fora, orientar as ações de quem está na prática. Ao contrário, ele diz que a pedagogia precisa estabelecer a direção de sentido da práxis educativa, o que só poderá fazer ao retornar teoricamente ao fenômeno da educação, portanto àquela práxis que fundamentaria a teoria.

Por isso afirma que a pedagogia precisa ser a teoria da práxis para a práxis, "sem que desta forma se possa alcançar ou antecipar teoricamente a prática da ação educativa" (Litt apud Schmied-Kowarzik, 1983: 53). Diz que a práxis é inacessível à teoria, considerando que, por isso, o educador pode ser dialeticamente preparado, mas não antecipado, no sentido de "pronto para".

Outro autor que também se reporta a essa questão da educação do educador para que este, autonomamente, saiba como conduzir a práxis para fins socialmente relevantes é Schleiermacher, ao afirmar que a teoria educacional jamais pode apreender a práxis. Mas essa negatividade é justamente aquilo que confere poder ao educador: só o educador pode conduzir e avaliar responsavelmente a práxis, com base nas teorias que ele tem incorporado.

A proposta de Schleiermacher fundamenta a consideração da pedagogia como ciência que tem por objeto a práxis educativa, bem como argumenta que essa ciência precisará ter preocupações emancipatórias e formativas, pois só o educador pode conduzir e avaliar sua prática, portanto, só cabe a ele transformá-la.

Schleiermacher diz que a teoria procede da prática, pois, "enquanto a teoria precisa garantir seu espaço, a práxis já está se realizando". E quando a teoria consegue esse espaço é porque foi absorvida por aqueles que "manipulam a práxis, e nesse caso, práxis e teoria se entendem e a práxis se transformará por si mesma" (Schleiermacher apud Schmied-Kowarzik, 1983: 60).

Portanto, Schleiermacher acredita que teoria alguma é capaz de transformar a prática, ela pode apenas, mediatizada pelos homens na prática, atuar através destes, na configuração e na avaliação desta. Para esse autor, a teoria funciona mais como elemento conscientizador da práxis do que transformador, considerando que a práxis se autotransforma, ponto de vista coerente com seu pressuposto de que existe na práxis, e nos homens, uma tendência natural à formação ética.

Schmied-Kowarzik (1983: 70) analisa a proposta de Paulo Freire, no sentido de considerá-la "uma direção para a autocompreensão dialética de toda teoria da educação", destacando o trabalho de Freire na construção de uma práxis revolucionária, que pode realizar-se no diálogo crítico entre educador e educando, mas que busca a superação das condições opressoras e alienantes que impedem aos sujeitos a conquista de sua humanidade.

A forma como a relação entre teoria e prática é tratada pela ciência da educação diferencia diversas posições epistemológicas. Assim, para Schleiermacher, a teoria deve proceder da práxis, dar-lhe compreensão, conscientizar seus protagonistas a respeito do sentido dessa prática. Para Paulo Freire, a teoria está na práxis, tanto quanto aí estando a transforma e juntas podem transformar as condições que a geraram. Se formos analisar os pressupostos herbatianos,

PEDAGOGIA COMO CIÊNCIA DA EDUCAÇÃO

veremos que será a teoria que precede a prática e esta deverá se adequar para dar conta da teoria. Essas três concepções assumem a pedagogia como ciência da prática, mas de forma totalmente divergente. Ou seja, a teoria organiza a prática? Emana da prática? Ou conforma a prática?

Schmied-Kowarzik (1983) comenta a oposição básica entre Hegel e Marx no que diz respeito ao papel da teoria na práxis, ou seja, para Hegel, a filosofia tem o papel de recuperar à compreensão um processo dialético já concluído; Marx atribui à teoria o papel de se incluir na dialética de um processo histórico inconcluso.

Minha proposta aqui vislumbrada à pedagogia pressupõe essa concomitância idealizada por Marx, na direção de adentrar no sentido da práxis em processo, apreender a dinâmica coletiva desse processo e transformar as compreensões decorrentes, para criar possibilidades de transformações na práxis.

Acredito, conforme Hegel, que é preciso recuperar à consciência o sentido da práxis, pois só assim, suponho, será possível a transformação em processo. Ou seja, acredito que procedimentos fenomenológicos permitem a compreensão do espaço atual da prática e isso permite adentrar em sua dinâmica coletiva, antepasso para sua transformação.

Para atingir as finalidades formativas do sujeito da práxis, será preciso resgatar, conforme a proposta dos teóricos da Escola de Frankfurt, a razão emancipatória como processo de esclarecimento e emancipação, no sentido vislumbrado em Kant, a fim de que essa razão, opondo-se à instrumentalidade da razão do mundo, possa dar condições de autonomia e autodeterminação aos sujeitos da práxis, configurando o processo formativo.

Para atingir essas possibilidades, os métodos de investigação pedagógica precisam ser reconfigurados, sem perder a perspectiva de que a ciência da educação precisa constantemente ser alimentada pela perspectiva do novo, do pressentido, da transgressão, de forma a não se aprisionar a modelos que engessam e limitam seu necessário poder de profetizar mudanças e organizar ações transformadoras, conforme se expressa Dias de Carvalho (1996: 206):

os investigadores de ciência da educação têm de proceder sempre a uma racionalização do paradigma que transitoriamente assumem, recusando um confinamento à mera prospecção das suas aplicações e estando em posição de constante abertura relativamente à introdução de novos paradigmas, *mesmo que a vitalidade e a validade destes sejam apenas pressentidas.* (Grifos meus)

Procurei, até aqui, evidenciar o que se considerou como essencial para o exercício da pedagogia como ciência da educação. Ficou, por certo, esclarecido que esse exercício estará sempre impregnado de reflexão filosófica sobre ideais e valores educativos, confirmando a impossibilidade de uma ciência da educação neutra ou desinteressada.

Procurei também deixar esclarecida a relevância do objeto *prática educativa*, local privilegiado da concretização das intencionalidades educacionais e talvez o lugar certo e único para se conseguirem as transformações pretendidas à formação de humanidade nos homens.

A metodologia formativo-emancipatória

> *Trata-se, portanto, de reinventar os saberes pedagógicos a partir da prática social da educação.* (Pimenta 1999a: 25)

Na última década os estudos sobre a formação de professores têm centrado sua temática em torno de questões relativas à formação de um profissional reflexivo, em oposição à concepção do professor como técnico, que se dedica à reprodução e à transmissão de informações e conhecimentos selecionados e escolhidos por instâncias burocráticas superiores e alheias ao próprio professor.

Assim, considera-se que os estudos atuais, ao centrarem sua atenção no potencial formador e transformador do exercício cotidiano da reflexão, introduzem saberes que atuam no sentido de superar os pressupostos que embasam o paradigma da racionalidade técnica e que alimentam as bases de um novo paradigma, denominado de racionalidade prática.

PEDAGOGIA COMO CIÊNCIA DA EDUCAÇÃO

A linha divisória entre os dois paradigmas expressa uma ruptura epistemológica na maneira de conceber as relações sujeito-objeto; na concepção do processo de ensinar e aprender; no papel social da profissão docente e nas políticas que embasam as reformas educacionais.

O primeiro paradigma, herdeiro de uma concepção positivista de mundo, considera o professor como um técnico, cuja principal função será a de aplicador rigoroso e rotineiro de teorias e técnicas científicas, reprodutor de procedimentos didáticos e controlador das múltiplas variáveis que podem interferir na dinâmica da sala de aula.

A passagem para o novo paradigma se faz à medida que diversos autores, entre eles Schön (1983,1987), Zeichner (1992) e Pérez-Gómez (1992), analisam a prática de bons profissionais e percebem que a prática docente produtiva requer a presença concomitante de diversas competências, de processos intuitivos e criativos, de conhecimentos que se organizam durante a ação, de conhecimentos que se transformam a partir da ação e que decorrem de respostas criativas às situações de incerteza, ambigüidade, de conflitos implícitos inerentes à situação educativa.

Esses conhecimentos, erigidos no diálogo com a prática, dão a convicção de que os professores possuem conhecimentos e teorias sobre sua prática, sobre o ensinar e o aprender, bastante próprios e bem organizados em um sistema de significados operantes, e que tais saberes podem e devem organizar o campo de conhecimentos sobre a educação, em um processo de intercomunicação e diálogo, que não só reforça a iniciativa do próprio docente, como abre novas possibilidades de compreensão da tarefa educativa.

Paralelamente a esses estudos, foi-se construindo a certeza de que os pesquisadores em educação devem buscar, para cientificar, validar seus estudos, a participação consciente dos agentes produtores dos fenômenos educativos, tanto com a finalidade de permitir aos professores novos contextos para ampliar e fundamentar a reflexão na ação, sobre a reflexão na ação (metarreflexão), como com a finalidade de captar a essência do fenômeno em questão, que se faz por meio da contínua compreensão dos sentidos e dos significados que vão sendo elaborados em processo, como também para caminhar na construção de comportamentos emancipatórios, autônomos, fundamentais à ressignificação da estrutura e da dinâmica da prática docente.

Como o objeto de estudo da pedagogia é a práxis educativa, surge a necessidade de encontrar meios científicos, rigorosos e eficazes para aprofundar estudos sobre essa temática. A práxis educativa é um fenômeno que acompanha a humanidade, no entanto estudos sobre a complexa situacionalidade da práxis são poucos. Temos estudos sobre o observável da prática educativa, sua esfera empírica, mas poucos sobre sua concretude. Para adentrar nos mistérios da práxis serão precisos mecanismos sofisticados, que sejam ao mesmo tempo rigorosos e inovadores. Exigir da metodologia de estudo da práxis os mesmos critérios de cientificidade utilizados na ciência clássica é inadequado. No entanto, esse é um grande desafio à pedagogia: criar e renovar metodologias pertinentes à especificidade de seu objeto de estudo.

Para tanto, sugiro neste livro os pressupostos de uma metodologia de pesquisa, que denomino de formativo-emancipatória, a qual poderá fundamentar a ação da pedagogia na direção da transformação gradativa das condições da práxis educativa, bem como servir de instrumento para revisões e ampliações do campo teórico educacional.

O que aqui apresento é um início de reflexão, na certeza de que os resultados do trabalho de muitos pesquisadores, já impregnados dessa nova tendência científica, venham aos poucos aprofundar essas colocações iniciais.

Fundamentos epistemológicos

A metodologia que propomos basear-se-á nos seguintes eixos epistemológicos:

- integração dos sujeitos da práxis;
- objetivo formativo e emancipatório aos sujeitos da práxis;

PEDAGOGIA COMO CIÊNCIA DA EDUCAÇÃO

- compreensão crítico-reflexiva dos contextos e das configurações da prática;
- transformação coletiva da prática;
- autodeterminação dos sujeitos da prática.

Integração dos sujeitos da práxis

Essa metodologia pressupõe como sujeitos da práxis tanto os pesquisadores da ciência da educação, portanto os pedagogos, como os sujeitos que atuam na prática educativa, por certo os professores, quer os formalmente constituídos, quer aqueles que, no exercício da prática educativa, assumem esse papel. Todos esses sujeitos devem se envolver numa perspectiva de buscar o conhecimento dos problemas que vivenciam na prática, caminhar na direção de produzir espaços e contextos de reflexão coletiva, de enriquecimento cultural, com o intuito de fazerem-se parceiros e produtores do processo de transformação e de autoformação.

Zeichner (1995) evidencia a invisibilidade do saber docente nas pesquisas sobre esse saber, realizada em universidades e centros de pesquisa, e considera essa situação uma falta de respeito e descaso pelos professores, uma vez que eles possuem teorias que embasam suas práticas e práticas que referendam suas teorias, constituindo-se essa dinâmica numa riqueza que não pode ser desprezada por qualquer pesquisador de educação.

Objetivo formativo e emancipatório aos sujeitos da práxis

Essa metodologia transforma-se em instrumento de formação à medida que insere o sujeito numa nova dinâmica compreensiva que incorpora novos sentidos à sua ação educativa e produz movimentos de reflexão, reconfigurando os contextos de sua existência e integrando o professor em um novo *círculo compreensivo*, o que facilitará a construção de novas "dinâmicas de autoformação participada" (Nóvoa, 1992).

Esse objetivo formativo está na raiz dos estudos que, cada vez mais, se aprofundam sobre a questão da formação do professor crítico-reflexivo.

Parece ponto pacífico, entre educadores, que a formação contínua do professor haverá que ser feita buscando-se o papel ativo do professor que, por meio da reflexão, adquirirá conhecimento crítico de sua ação docente, podendo, a partir daí, reconstruir os condicionantes de sua ação, os pressupostos de suas escolhas cotidianas, assim como reconstruir-se como pessoa, como identidade.

Compreensão crítico-reflexiva dos contextos e das configurações da prática

Como já me referi, a mediação entre pesquisa educacional e ação reflexiva docente é a base da nova epistemologia da prática.

E, quando se incorpora à concepção de prática docente o sentido da reflexividade, supera-se a representação de uma prática que se faz de modo rotineiro, linear, mecânico e passa-se a considerá-la fruto da contextualidade do homem que, na interação com sua existência, elabora os significados de sua ação, dialoga com as contradições e luta por compreender e superar as opressões impostas à sua existência. Ou, como escreve Habermas (1982: 232): "Um ato de auto-reflexão, que altera a vida, é um movimento de emancipação".

Incorporar a reflexão como inerência à prática é muito mais que adicionar um novo componente à prática instrumental. É uma nova forma de conceber o mundo, as relações sociais, o processo de apreender e compreender a realidade sócio-histórica. É uma postura política, epistemológica e existencial.

Assim, há muito a se compreender sobre a construção do conhecimento dos professores como práticos reflexivos. Será preciso que um trabalho rigoroso, metódico, científico acompanhe, reflita e incremente os novos saberes que estão sendo agora vislumbrados. É nesse sentido que considero pertinente a proposta da metodologia formativo-emancipatória.

Transformação coletiva da prática

A pesquisa científica deve buscar meios de trabalhar em parceria com os mestres, no intuito de favorecer mútuas fecundações que trarão benefícios não só a pesquisadores e professores, como à estruturação do campo de conhecimentos da educação e à sociedade em seu projeto de transformação na busca de condições mais humanas.

Assim, sugiro que a base epistemológica da pesquisa com a práxis, na práxis, para a práxis, deva permitir a emergência de condições inerentes ao desenvolvimento profissional docente e assim considerar que:

- a prática reflexiva, como uma proposta político-pedagógica, necessita, para se efetivar, de uma cultura que assuma a dialeticidade como forma de construção da realidade histórica;
- a prática reflexiva, para se exercer em sua integralidade, necessita de espaços institucionais não excessivamente burocratizados nem de excessivo controle, mas, ao contrário, de espaços onde exista uma cultura do diálogo, da intercomunicação, onde se valorizem os comportamentos colaborativos, solidários, críticos, intersubjetivos;
- a prática reflexiva, para produzir as transformações decorrentes de seu exercício cotidiano, precisa se consolidar no sentido da não-aceitação de verdades prontas, de soluções definitivas; há que se trabalhar na construção constante das sínteses provisórias;
- a prática reflexiva é uma capacidade histórica e, portanto, deve ser desenvolvida e atualizada, necessitando, para isso, de parceiros com diferentes olhares.

O exercício de uma prática reflexiva requer a presença contínua, crítica e construtiva do pesquisador educacional, que reconheço como o pedagogo. Essa presença se faz necessária tanto para a construção de um ambiente investigativo — que permita e favoreça uma cultura da pesquisa, de forma a produzir conhecimentos e procedimentos científicos que estejam continuamente fertilizando e referenciando essas práticas —, como também na reconstrução e na construção de novas e atualizadas concepções da prática educativa.

Considero que todos os envolvidos na prática reflexiva precisam constituir-se em investigadores no contexto da prática. Como investigadores da práxis deverão desenvolver habilidades no sentido de:

- estranhar o que é tão familiar em sua prática docente, na prática dos colegas ou nas práticas presentes na memória de suas representações. Somente assim poderão começar a pensar novas alternativas de ação, para, então, dar andamento a outras ações, como as descritas a seguir;

- elaborar novas hipóteses sobre o fazer docente e também propor hipóteses explicativas ao fazer docente, rotineiro e habitual;

- conviver criativamente na divergência; isso lhes permitirá refletir sobre outros meios de proceder, trocar e socializar descobertas, testar hipóteses não concebidas, pesquisar novas alternativas de ação. Para tanto, o coletivo é fundamental para sustentar as hipóteses, oferecer respaldo de experimentação e olhar científico para as mudanças;

- encontrar novas respostas para novos desafios e, mais do que isso, encontrar desafios onde não se suspeitava ser possível agir diferente; romper com procedimentos rotineiros, desafiar-se a encontrar novas alternativas de ação;

- reconhecer e utilizar as teorias implícitas de sua prática, renová-las, adequá-las. Esse procedimento requer uma orientação científica, presente, que reivindico ao pedagogo escolar. É fundamental que o professor reflita sobre o significado conceitual de sua maneira cotidiana de agir, é fundamental que a compare com outros procedimentos dos colegas, que visualize a articulação entre suas crenças e seu fazer docente;

- Quando o professor estabelece significados entre sua concepção de aprendizagem, de ensino e sua forma de agir, ele pode começar a reinterpretar as hipóteses iniciais: estranhando-as, discutindo-as, reconstruindo-as;

PEDAGOGIA COMO CIÊNCIA DA EDUCAÇÃO

- Esse processo fará o professor tomar consciência de seus compromissos com a prática; perceberá que a atividade docente é carregada de significado e compromisso e assim estará a caminho de buscar articulações entre fins e meios educacionais;
- O professor deverá perceber-se capaz de retirar do coletivo as fontes de aperfeiçoamento pessoal; será fundamental que o professor, perdendo o medo de romper com o familiar e enfrentando o estranho, busque, reflita, pesquise e se envolva num processo de autoformação, de autodesenvolvimento, decorrente de sua crescente necessidade de pensar a si, sobre si e sobre o seu fazer;
- Nesse processo, o professor irá se envolvendo com a possibilidade de familiarizar-se com o que é estranho à primeira vista, descobrirá o sabor de enfrentar mudanças, pois terá descoberto a ensinar-se a si próprio, na concepção de que sua tarefa é complexa e requer transformações contínuas;
- O professor vai perceber que nada é linear na relação entre aprender e ensinar, entre objeto e sujeito do conhecimento, e começar a compreender a relação dialética entre sujeito e objeto, teoria e prática, formação e autoformação;
- Assim, começa a perseguir atitudes contextualizadoras, problematizadoras, e a estabelecer articulações entre o fato e a totalidade;
- Envolve-se em reafirmar que a transformação é o princípio do desenvolvimento, adquirindo a capacidade de criar novas visões, de entender os problemas de outras formas, para além de seu repertório atual;
- Aos poucos, começa a descobrir o significado concreto nas situações conflitivas e complexas, o que lhe permite ver que a prática é um processo investigativo de experimentar com as situações, visando buscar novas e mais adequadas compreensões.

Esses elementos citados servem para referendar as duas posturas básicas que deverão nortear o trabalho de capacitar professores para irem se fazendo pesquisadores da própria prática:

- familiarização com o estranho, o novo, o imprevisto, o improvável, o não-linear;

- estranhamento a tudo o que é muito familiar, rotineiro, consensual, o perceptível.

Esses dois pólos — o estranhamento e a familiarização — precisam referendar o necessário caminho de uma prática, a prática educativa, no geral e a docente, em particular, que se realiza dentro de condições de complexidade e que não pode ser exercida de modo mecânico, linear, previsto. Nessas condições, só a "prática em pesquisa" e a pesquisa sobre a prática podem dar conta de fundamentar a práxis necessária.

Autodeterminação dos sujeitos da prática

Um indivíduo não nasce membro de uma sociedade, torna-se membro, impelido pela dialética do social. Convivendo no mundo, imerso na inevitabilidade da dialética social, o sujeito vai construindo significados aos acontecimentos objetivos de seu mundo. A construção dos significados garante-lhe participar desse processo.

O sentido compartilhado permite ao sujeito estabelecer relações com o mundo, mundo de outros, mundo que já existia e que agora também lhe pertence. Sujeito e mundo passam a estabelecer entre si uma integração criativa e criadora, por meio de um "nexo de motivações", que vai permitindo, a ambos, uma contínua identificação mútua. Assim, para se autodeterminar, o sujeito precisa apropriar-se do processo de construção de sua identidade.

Proporcionar ao professor as condições para confrontar-se com a construção de sua identidade é uma maneira de aprofundar as reflexões sobre sua formação docente; é captar, em sua história de vida, os anseios produzidos; os projetos pressentidos; os saberes elaborados. É focar não apenas o professor, seu discurso, mas sua realidade interpretada. E este é um dos fundamentos que dão relevância a essa nova proposta metodológica.

A proposta metodológica

Sugiro duas abordagens a essa metodologia: *reconhecimento* e *intervenção*.

A abordagem de *reconhecimento* teria a finalidade de reconstrução das compreensões sobre a realidade educativa. Já a abordagem de *intervenção* (dentro de uma linha de pesquisa-ação) teria a finalidade de planejar e acompanhar transformações no ambiente educativo, a partir de solicitações demandadas por um coletivo institucional.

Assim, para reconhecimento utilizarei procedimentos de observação, de estudo de caso, de história de vida, dentre outros, desde que contemplados os princípios fundantes da metodologia em questão. Para a finalidade de intervenção, o procedimento que mais se aproxima dessa proposta é a pesquisa-ação e suas variações como pesquisa-ação crítica, pesquisa colaborativa, dentre outras, desde que contemplem os princípios dessa metodologia.

Como princípios fundantes, pode-se estabelecer que a metodologia formativo-emancipatória deverá se realizar:

- na ação conjunta pesquisador-pesquisados;
- no ambiente onde acontecem as próprias práticas;
- no intuito de produzir condições de autoformação e emancipação aos sujeitos da ação;
- priorizando a formação e o desenvolvimento de procedimentos crítico-reflexivos sobre a realidade;
- com referências contínuas e evolutivas com o coletivo, no sentido de apreensão dos significados construídos;
- buscando a superação das condições de opressão, alienação, de massacre da rotina;
- contextualizando as compreensões com as condições sócio-históricas;
- por meio do desenvolvimento cultural dos sujeitos da ação.

Assim, para esclarecer a utilização do método a partir de seus princípios fundantes, vou exemplificar o uso da observação em diversos contextos epistemológicos.

Numa possibilidade de pesquisa cujo objetivo fosse o conhecimento da prática educativa em uma determinada escola, a observação assumiria diferentes contornos.

Apenas para nos atermos a uma abordagem de cunho qualitativo, há pelo menos quatro possibilidades dessa observação ocorrer, em relação ao papel assumido pelo pesquisador, conforme Buford Junker (1971):

- participante total, onde sua identidade de pesquisador não é revelada;
- participante como observador, onde o pesquisador não oculta sua função, mas revela apenas parte de seus objetivos;
- observador como participante, onde a identidade do pesquisador e seus objetivos são revelados ao grupo;
- observador total, onde o pesquisador não interage com o grupo observado.

Mesmo considerando que é possível, em processo, a mudança no papel inicial do observador, percebe-se que em qualquer dos casos não se atende aos pressupostos da metodologia formativo-emancipatória. Note-se ainda que, em quaisquer dos casos, os dados são coletados, organizados, interpretados e concluídos pelo próprio pesquisador.

Se fôssemos nos utilizar do mesmo procedimento (observação) para essa mesma pesquisa, dentro da proposta formativo-emancipatória, seria preciso que:

- os sujeitos do grupo observado estivessem participando desde o planejamento da pesquisa até suas conclusões finais e estivessem de acordo e cientes da proposta de pesquisa;
- os sujeitos fossem convidados a participar das observações, da sua própria atividade educativa, da ação dos colegas e aceitassem se preparar para realizar essa pesquisa;

- esse preparo, ou capacitação para ser pesquisador, deverá incluir estudos de formação à observação, leituras, reflexões sobre os objetivos da pesquisa, negociação de caminhos a serem pesquisados e compromissos com o processo;

- os processos parciais de observação deverão ser sempre seguidos de processos de reflexão na ação observada, nas conclusões provisórias, de forma coletiva, dialógica, interativa, orientada pelo pesquisador;

- o pesquisador como membro do grupo, mas orientador dos processos e da condução da pesquisa, deverá estar atento para colocar em relevo as contradições que emanam das discussões, os sentidos que vão sendo construídos, as modificações em processo que vão ocorrendo, configurando o próprio processo formativo;

- o pesquisador deverá conduzir e redirecionar as reflexões do local para a totalidade, do particular para o mais universal;

- os relatórios de cada reflexão coletiva deverão ser elaborados por todos e produzir processos de trocas interativas, na construção de sínteses cada vez mais consensuais;

- as produções de conhecimento e significado que vão emergindo devem ser evidenciadas, concretizadas, publicadas e por certo passariam a modificar a cultura do grupo;

- os sujeitos da práxis devem ser sucessivamente instigados à pesquisa de meios auxiliares à reflexão, à composição de dados, à divulgação e à crítica dos mesmos;

- os processos de aprendizagem seriam, por certo, desencadeados.

Mesmo não sendo este um exemplo de pesquisa de intervenção, pressente-se que mudanças irão ocorrer nas percepções dos sujeitos, as quais lhes induzirão a mudanças de práticas, principalmente naqueles aspectos em que houve críticas consensuais ou dissonâncias nas ações. Esses conhecimentos decorrentes estarão por certo incorporando-se aos sujeitos como ferramentas de ação, de reflexão, pois se produziu um processo de negociação de significados entre o grupo.

Enfim, o pesquisador realizou seu trabalho, construiu conhecimentos, apropriou-se de novas relações de sentido e, além disso, sua ação gerou um processo semelhante nos agentes da prática, que, pelo fato de terem se colocado em processo de aprendizagem significativa, reconstruíram suas percepções em algum aspecto e por certo redirecionarão seu fazer na prática.

Pode-se usar qualquer outro procedimento de pesquisa com a intencionalidade prevista ao método formativo-emancipatório: as entrevistas podem se requalificar e ampliar suas possibilidades na coleta, compreensão e interpretação de dados da experiência vivida; os questionários podem ser previstos e organizados no coletivo, seus resultados socializados e discutidos; até mesmo procedimentos experimentais podem se realizar dentro dos pressupostos da pesquisa formativo-emancipatória. Relato em minha tese de mestrado (Franco 1996) uma proposta de reformulação curricular, na forma de pesquisa experimental, dentro dessa abordagem formativo-emancipatória com professores da primeira série do ensino médio. Os resultados, em termos curriculares, não foram compatíveis com nossas hipóteses iniciais, mas produziram muitos saberes e compreensões sobre as dificuldades de aprendizagem apresentadas pelos alunos nessa etapa, bem como permitiram aos docentes participantes emanciparem-se de muitos mitos que haviam construído sobre o processo de apreensão cognitiva dos alunos.

Considero que a prática dessa metodologia pode atender um pouco à questão colocada por Mialaret (1994: 25) ao escrever que, em relação às ciências da educação, o problema fundamental parece ser, de um lado, estabelecer pontos entre a prática e a pesquisa científica e, de outro, a questão da teoria. Entre essas realidades há um fosso que ele não acredita ser possível preencher, mas acredita ser possível estabelecer passarelas que, certamente, enriquecerão os pesquisadores e poderão auxiliar os práticos no desempenho das suas ações cotidianas.

PEDAGOGIA COMO CIÊNCIA DA EDUCAÇÃO

Reflexões decorrentes

Sugere-se com essa metodologia o rompimento com a tradição de oferecer aos professores os resultados de pesquisa para serem incorporados em sua prática. Considero fundamental que resultados de pesquisa sejam trocados, intercambiados e passem a ser objeto de análise de todos. Mas este tem que ser um caminho de mão dupla: pesquisadores adentrando na prática e práticos participando efetivamente do processo e dos produtos da pesquisa.

Acredito que a pedagogia se qualificará como ciência da educação à medida que souber desenvolver a prática da investigação como inerência à prática de formação de educadores e, portanto, como poderoso processo de qualificar a prática educativa.

A proposta metodológica que destaco neste livro não se faz de um dia para o outro: será preciso que se incorpore uma postura investigativa que vá, aos poucos, nos diversos ambientes educativos, criando uma cultura da investigação educacional, permitindo que, gradativamente, os professores se envolvam na apropriação dos saberes que constroem. Essa ressignificação crítica dos saberes construídos é fundamental para a transformação das práticas e poderoso instrumento para ir construindo as passarelas, na forma de diálogos construtivos, na superação do fosso existente entre teorias e práticas educativas.

Espera-se com essa proposta metodológica que a própria investigação transforme-se em mais um aliado a mediar a construção e a formação de professores críticos, reflexivos, transformadores da realidade educacional brasileira.

Proponho que a pesquisa educacional, redimensionada com o caráter formativo-emancipatório, seja a parceira privilegiada nas políticas de formação docente, imprimindo uma relação de mútua colaboração em que o olhar científico ofereça referências à prática docente e esta alimente e ilumine o olhar científico, com a essência de sua realidade experiencial.

A pesquisa científica pressupõe que o pesquisador adentre na realidade a ser estudada, integre-se nos modos de produção da existência dessa realidade que foi criada pelos sujeitos que serão investigados. Portanto, é no mínimo justo que esses sujeitos participem das observações do pesquisador, interfiram em suas conclusões, apropriem-se de seu olhar, partilhando e contribuindo com a qualidade do conhecimento produzido nesse processo. Isto por certo permitirá ampliar o critério de validade dos estudos, mas, e principalmente, permitirá a cada sujeito ver-se na cena construída, refletir-se no objeto investigado, rever e ressignificar sua prática.

Essa tarefa, à medida que incorpora o sujeito, abre-lhe a possibilidade de ampliar os dados de sua interpretação existencial, fundamental para a reconfiguração dos significados de sua existência, condição necessária para desencadear processos de mudança pessoal e transformação de perspectivas na dimensão profissional.

CAPÍTULO 3

Pedagogo: cientista educacional?

> *A ação pedagógica não se resume a ações docentes, de modo que, se todo trabalho docente é trabalho pedagógico, nem todo trabalho pedagógico é trabalho docente.* (Libâneo e Pimenta, 1999: 252)

Tendo considerado o espaço científico da pedagogia, cabem algumas reflexões sobre a formação de um profissional que, atendendo às perspectivas delineadas na proposta que aqui elaboro e às premências de uma sociedade que precisa urgentemente definir espaços de convivência solidária entre os homens, possa realizar as mediações entre o espaço social educativo e o espaço cultural pedagógico.

O debate no interior das instâncias formadoras brasileiras tem se intensificado no decorrer das duas últimas décadas por meio de uma postura crítica diante das iniciativas do MEC e do Conselho Nacional de Educação para redefinir a formação do pedagogo. Assim, já existem algumas experiência inovadoras, muitos estudos e pesquisas que buscam organizar novas propostas para superar as práticas que embasam o modelo de currículo mínimo adotado desde os anos 60.[1]

---

1. O Parecer n. 251/62, que adequou a formação do pedagogo à Lei n. 4.024/61, como o Parecer n. 252/69, que regulamentou a mesma segundo a prescrição da Reforma Universitária,

Pedagogos e educadores brasileiros defrontam-se, cotidianamente, com os históricos desafios de buscar uma escola básica, que cumpra com seu papel social na humanização dos cidadãos, acrescidos de outros tantos decorrentes dos progressos científico e tecnológico da sociedade contemporânea, que impõem, de um lado, a ampliação de espaços educativos para além dos restritos ao contexto escolar e, de outro, de novas e emancipatórias formas de organizar o contexto educativo.

Deverá, por certo, ser preocupação do curso de pedagogia a formação de um pedagogo como profissional crítico e reflexivo, que saiba mediar as diversas relações inerentes à prática educativa e as relações sociais mais amplas, bem como articular as práticas educativas com a formalização de teorias críticas sobre essas práticas, sabendo detectar as lógicas que estão subjacentes às teorias aí implícitas.

Esse profissional deverá ser investigador educacional por excelência, pressupondo, para esse exercício, o caráter dialético e histórico dessas práticas. Assim, o pedagogo será aquele profissional capaz de mediar teoria pedagógica e práxis educativa e deverá estar comprometido com a construção de um projeto político voltado à emancipação dos sujeitos da práxis na busca de novas e significativas relações sociais desejadas pelos sujeitos.

No plano do entendimento dos processos de ensino-aprendizagem, deve esse pedagogo superar a concepção de um sujeito que absorve o aprendizado, para caminhos de um aprendiz que constrói significados e novas relações com o mundo circundante, pressupondo a educação como uma prática social, emergente da configuração dialética dos contextos sociais. O homem deverá ser interpretado como sujeito histórico a interagir com suas condições existenciais, modificando-as e sendo por elas transformado.

Lei n. 5.5840/68, resultam do esforço do prof. Valnir Chagas para definir o Curso de Pedagogia no CFE, e expressam o processo de decisão dos órgãos oficiais sobre a formação do pedagogo no país.

Formação de pedagogos: reflexões iniciais

A sociedade humana precisa, urgentemente, encontrar caminhos para humanizar a convivência entre os homens; precisa criar espaços e condições para que cada homem possa conhecer-se e saber-se capaz de ser o criador de sua existência, podendo, assim, sentir-se sujeito da realidade que o cerca e dela fazendo parte, tornando-se consciente de que pode e deve transformar essa realidade, na direção incorporada pelo coletivo.

Sabe-se que é a educação, como importante prática social, que poderá, baseada em sua ação (práxis educativa), permitir que cada homem tome consciência de seu dever de, na convivência coletiva, compreender suas condições existenciais, transcendê-las, reorganizá-las. Nesse processo, o homem, e cada homem, poderá e deverá superar sua condição de objeto da história, determinado por imposições que lhe são alheias, e caminhar na direção de sua emancipação, para assim firmar-se como sujeito de sua história e participante consciente da história coletiva.

Essa dimensão, de resgatar ao homem sua condição de exercício do humano, se fará tanto mais quanto mais educativa a sociedade se fizer. E a sociedade se fará educativa quando se utilizar do potencial educacional da sociedade, agregando-lhe intencionalidade, explícita e coletivamente construída, cientificando seu fazer, responsabilizando-se por sua ação. A mediação que transformará o educacional em educativo se fará pela ação científica, crítica e reflexiva da pedagogia, como ciência da educação.

Essa tarefa é hoje uma urgência social, não só pelos descaminhos da humanidade no mundo mas, e principalmente, para se conseguir tecer, neste século, as condições de convivência entre homens.

Nas condições de urgência escancara-se o que já se sabia: a escola é uma instituição muito necessária à construção do humano na sociedade, mas é insuficiente para fazer frente a todas as demais instituições que, por não se fazerem educativas, caminham em direção oposta, divergente e nem sempre complementar à escola. O momento atual, no qual se constata uma profunda crise nas instituições e nas práticas sociais, impõe o pensamento e a ação de um profissional que saiba intervir nas práticas vigentes e contribuir para a formação de um conhecimento mais profundo sobre a dinâmica de tais práticas.

Portanto, algumas demandas são fundamentais ao curso de pedagogia:

a) há que se criar um espaço definitivo de investigação contínua das práticas educativas, visando esclarecer, compreender e explicitar sua intencionalidade;

b) será preciso um trabalho político-científico de ampliar o potencial educativo da sociedade: a educação exerce-se em todas as instâncias e momentos socioculturais; muitos desses momentos e ações precisam ser cientifizados, sua intencionalidade esclarecida, seus protagonistas comprometidos com o coletivo da sociedade;

c) e ainda buscar novas formas e meios de organizar, compreender e transformar os espaços educacionais em espaços educativos, o que se fará pelo exercício crítico e compromissado da práxis educativa.

O pedagogo deverá ser o profissional investigador da educação como prática social. Como investigador, pesquisará novas mediações da educação com o mundo sociocultural, além da escola, transcendendo o previsto nas demandas de mercado. Poderá investigar e criar meios de dialogar e produzir novas mediações com o mercado editorial, com os meios de comunicação, com as novas organizações não-governamentais, com as instituições sociais já existentes, visando criar novos espaços educativos na sociedade, por meio da prática científica pedagógica.

Para fundamentar essas reflexões iniciais é necessário que, de antemão, tenham-se claros alguns condicionantes do fazer pedagógico: é preciso que, antes de pensarmos em um curso de formação, saibamos exprimir adequadamente nossas convicções:

• existe um saber pedagógico específico ou a pedagogia se faz com base em conhecimentos e teorias de outras ciências?

• a pedagogia é ciência ou tecnologia?

PEDAGOGIA COMO CIÊNCIA DA EDUCAÇÃO

- as pessoas que trabalham em educação são concebidas como técnicos que aplicam com maior ou menor eficiência tecnologias pedagógicas concebidas por técnicos/especialistas/pesquisadores de outras áreas ou são sujeitos críticos que, instrumentados por diferentes procedimentos reflexivos, se comprometem, com maior ou menor êxito, com práticas educativas concebidas por uma perspectiva política que objetiva mais humanidade aos homens?
- somos partidários de uma concepção da pedagogia como ciência aplicada ou a concebemos como práxis política?

Considero que o enfrentamento dessas questões epistemológicas são fundamentais para a definição de um curso de formação e considero também, conforme já venho aqui me expressando, que:

- a pedagogia é uma ciência que tem por fim específico o estudo e a compreensão da práxis educativa, com vistas à organização de meios e processos educativos de uma sociedade. Considero a práxis docente uma das especificidades da prática educativa, talvez a mais importante, mas a educação não se reduz a ela;
- acredito que as pessoas que trabalham em educação devem ser concebidas como sujeitos críticos que, instrumentalizados por sua consciência histórica, se comprometem com uma perspectiva política, expressa nas intencionalidades da práxis;
- considero ainda o exercício pedagógico como um exercício de práxis política, com intencionalidade ética de transformação das condições de existência dos homens.

A não-clareza das questões antecedentes tem, historicamente, acentuado a descaracterização da pedagogia como conhecimento científico, o que tem contribuído para mantê-la no papel que hoje, ainda infelizmente, ela cumpre, qual seja, o de solidificar práticas educativas profundamente conservadoras, desvinculadas do contexto sócio-histórico, tanto de seus protagonistas como do próprio conhecimento que transmite. O não-diálogo científico entre teorias e práticas reifica, congela o fazer educacional (que se perpetua como saber educacional e não como saber-fazer), e isso ocorre quer pela falta de diálogo construtivo entre sujeito e objeto da ação, quer pela não-fermentação da dialética na construção da realidade educativa.

Nós todos, educadores, professores, pedagogos, percebemos quanto está sendo difícil ao mundo educacional concretizar ações de transformação da prática escolar, pois sabemos que faltam teorias pedagógicas consistentes que possam dar suporte às transformações pretendidas. Portanto, tentar buscar reinterpretações de conceitos basilares, ampliando o espaço científico da pedagogia, é mais do que uma questão acadêmica, é buscar as estratégias de sobrevivência social/profissional que fundamentarão a possibilidade e a esperança da profissão pedagógica e a valorização da profissão do magistério.

Na tentativa de reinterpretar as necessidades formativas do pedagogo, considero importante inverter a epistemologia que tem fundamentado a maioria dos discursos sobre a pedagogia: acredito na pedagogia como elemento de identidade à prática docente e não na prática docente como elemento identificador da identidade da pedagogia. Considero que, pelo que aqui expus, pude deixar fundamentado que a docência, uma das modalidades da práxis educativa, deve se organizar pela pedagogia e não seria correto afirmar que é a pedagogia que deveria se organizar pela docência. Assim, faço, nessas reflexões iniciais, um breve comentário sobre a questão da base de formação dos profissionais da educação.

A base de formação dos profissionais da educação deverá ser os fundamentos dos estudos pedagógicos

Se estamos nos referindo a um curso de pedagogia, quer seja ele voltado exclusivamente à formação de docentes ou voltado à formação do cientista educacional — ou mesmo à formação do pedagogo escolar —, temos que fundamentar seus estudos na raiz epistemológica dessa área de conhecimento. Essa raiz funda-se no pressuposto de que a pedagogia é a ciência que deverá organizar a concretização dos meios e processos educativos de uma sociedade. Isto se fará por meio da investigação dos conhecimentos e saberes que se organizam historicamente, fundamentando as bases dos saberes, das diretrizes e orientações à práxis educativa.

Se, no entanto, afirmarmos que a base identitária da formação do pedagogo será a docência, estaremos, inadequadamente, invertendo a lógica dessa epistemologia, pois estaremos partindo, para identificar um campo conceitual, não de sua matriz conceitual, mas de uma de suas decorrentes práticas, no caso, a docência.

Portanto, o lógico será que a base identitária de tais cursos seja a investigação dos estudos pedagógicos, os estudos que fundamentam as práxis educativas de uma sociedade. Dessa maneira, tais práxis passarão a ser construídas, vivenciadas, compreendidas em relação a essa matriz conceitual e não ao contrário, tendo que se adaptar a normatizações de outras áreas de conhecimento — áreas estas que estarão sim compondo e dialogando com o campo pedagógico, o que é diferente de pressupor que o campo pedagógico seja composto de fragmentos de outras ciências.

Ou seja, a pedagogia, ciência da educação, tendo como objeto de estudo a práxis educativa, há que se pautar nas ações investigativas a partir da práxis, uma vez que hoje já existe a certeza de que as teorias sobre a educação não determinam as práticas educativas, mas convivem com elas em múltiplas articulações.

Para a transformação das referidas práxis só há um caminho: a pesquisa coletiva que organiza e direciona a interpretação destas, a partir dos determinantes e condicionantes da práxis. Acabou-se a convicção de que um conhecimento previamente científico possa fecundar as práticas. Será preciso a investigação em processo, que produzirá as reflexões sobre as práticas, e estas sim poderão qualificar e produzir teorias científicas.

O fazer pedagógico é inevitavelmente um fazer investigativo. Quando superamos a concepção de prática como tecnologia da prática e adentramos na dialética da práxis, não há outro caminho.

Sabe-se que as situações de educação estão sempre sujeitas às circunstâncias imprevistas, não planejadas e que, dessa forma, os imprevisto acabam redirecionando o processo e muitas vezes permitem uma reconfiguração da situação educativa. Portanto, o fazer educacional há que ser científico, investigativo, não tendo medo do novo, mas dando espaço de expressão, de ação e de análise ao não planejado, ao imprevisto, à desordem aparente, e isto deve pressupor a ação coletiva, dialógica e emancipatória entre sujeitos da prática, na qualidade de pesquisadores, e entre pesquisadores da prática, por sua vez também sujeitos da prática.

A educação, tendo por finalidade a humanização do homem, integra sempre um sentido emancipatório às suas ações e, assim, o procedimento científico que a estudará deverá ter como pressuposto a necessidade de sua produção em âmbito coletivo, utilizando-se de procedimentos que possam desencadear ações formadoras e incentivadoras dessa emancipação, produzindo a transformação democrática da realidade.

Sabe-se que toda ação educativa carrega em seu fazer uma carga de intencionalidade que integra e organiza sua práxis, confluindo para a esfera do fazer as características do contexto sociocultural, as necessidades e possibilidades do momento, as concepções teóricas e a consciência das ações cotidianas, num amalgamar provisório que não permite que uma parte seja analisada sem referência ao todo, nem este sem ser visto como síntese provisória das circunstâncias parciais do momento. Assim, para ser estudada cientificamente, a educação requer procedimentos que permitam ao pesquisador adentrar na dinâmica e no significado da práxis, com o intuito de poder compreender as teorias implícitas que permeiam as ações do coletivo.

Portanto, considerar a pedagogia como base identitária dos cursos de formação de educadores significa pressupor a necessária intercomunicação entre pesquisa e transformação, entre teoria e prática, entre consciência e intencionalidade. Significa acreditar que todo processo de investigação deverá se transformar em processo de aprendizagem que criará à prática novas possibilidades de superar dificuldades, de se recriar constantemente, de se auto-avaliar e assim modificar e aprofundar seu próprio objeto de estudo.

PEDAGOGIA COMO CIÊNCIA DA EDUCAÇÃO

Assim resumindo: a docência deve se fundamentar pela pedagogia, não sendo correto afirmar que a pedagogia se faz pela docência. A inversão requerida não é meramente formal, ela expressa uma concepção epistemológica.

Vimos em todo o texto antecedente que, à medida que a docência esteve historicamente conformada aos princípios da racionalidade técnica, a pedagogia foi abandonando sua vocação epistemológica, descaracterizando-se e assumindo a configuração de tecnologia organizadora da prática docente.

Quando a docência passa a ser considerada em toda sua complexidade e a se organizar com base numa nova epistemologia da prática, vinculada aos princípios de uma racionalidade dialética, impõe-se um novo e criador movimento: a docência há que se organizar no diálogo investigativo da práxis. Este será, por certo, o movimento que permitirá uma teoria educacional emanada da práxis, e não dela desvinculada, como temos visto acontecer historicamente.

Assim vão ficando claras as respostas a uma das questões que tanto instigam os pedagogos contemporâneos: o que pode e deve ser a pedagogia hoje? Acredito que ela deva ser, certamente, a ciência que organiza ações, reflexões e pesquisas na direção das principais demandas educacionais brasileiras contemporâneas, com vistas à:

- qualificação da formação de docentes como um projeto político-emancipatório;
- organização do campo de conhecimento sobre a educação, na ótica do pedagógico;
- articulação científica da teoria educacional com a prática educativa;
- transformação dos espaços potenciais educacionais em espaços educativos/formadores;
- qualificação do exercício da prática educativa na intencionalidade de diminuir práticas alienantes, injustas e excludentes, encaminhando a sociedade para processos humanizatórios, formativos e emancipatórios.

Formação de pedagogos: Espaço aberto

Essa questão da ciência da educação nos conduz a refletir sobre a formação de pedagogos, o que não é uma tarefa simples, nem de solução imediata. No entanto, é uma reflexão que exige considerações sobre as possibilidades e necessidades expressas nas demandas de nossa sociedade e nas emanações e particularidades da epistemologia da própria pedagogia.

Nesse momento, finalizando este livro, deparo-me com um espaço aberto a novas indagações e considero pertinente colocar algumas percepções que foram sendo construídas em processo, mas, ao mesmo tempo, vou detectando alguns vazios que incomodam e pressupondo algumas divergências pressentidas.

Inicialmente coloco as compreensões que me foram ficando claras:

- a primeira delas reafirma minha hipótese de que a pedagogia, ao sé constituir como ciência, dentro dos pressupostos epistemológicos da ciência clássica, não encontrou espaço de significação e assim foi perdendo contato com a especificidade complexa de seu objeto de estudo, o que lhe impôs uma dissonância entre suas possibilidades de exercício científico e suas necessidades inerentes à epistemologia de seu objeto;

- como conseqüência, parece-me incontestável afirmar que, dentro do sentido epistemológico da ciência clássica, a pedagogia não poderá ser considerada científica, uma vez que para tanto terá que abandonar sua razão de ser como ciência, qual seja, uma ciência voltada à práxis educativa, da práxis educativa, para a práxis educativa;

- ainda como conseqüência da primeira colocação, reafirma-se a convicção de que outras ciências, com diferentes referenciais epistemológicos e diversos aportes metodológicos, mas com "intimidade" instrumental com os métodos experimentais, apropriaram-se das pesquisas sobre a educação, com o objetivo de explicá-la, e para tanto precisaram descaracterizar, fragmentar, recortar esse objeto de forma a encaixá-lo nas possibilidades epistemológicos permitidas ao método científico tradicional. Essa desconexão entre método e objeto foi produzindo "saberes científicos" que não se confirmaram como "saberes pedagógicos", ou seja, que pudessem ser apropriados e significados pelos sujeitos da prática, num processo de mútua fecundação. Assim, teoria e prática assinalam em sua trajetória caminhos em retas paralelas, às vezes próximas, muitas vezes distantes, mas sempre discrepantes;

- parece-me também consensual que a grande conquista buscada por todos os educadores hoje é a qualificação da prática educativa, de forma que a educação consiga concretizar sua vocação histórica de humanizar a humanidade, de diminuir as práticas excludentes e injustas, de encaminhar os homens a uma relação crítica e construtiva com a cultura, num processo emancipatório e formativo;

- portanto, precisamos de uma ciência que se volte especificamente para a práxis educativa e que, para atender à especificidade da práxis, seja uma ciência que se alimente da práxis e sirva de alimento a ela. Há que ser uma ciência com novos pressupostos epistemológicos, que organize uma outra lógica social e vimos que hoje isso já faz parte da convicção de muitos autores, educadores. Cabe adequar à nova racionalidade que emerge a pedagogia que, atualmente, pode e deve ser ciência;

- assim propus que essa ciência seja a pedagogia, na certeza de sabê-la crítica e reflexiva, formadora de humanidade e mediadora da organização de novas possibilidades ao fazer educativo. Seu fazer científico não mais se realizará antes da prática, de modo prescritivo, nem depois, na forma de correção ou crítica *a posteriori*: sua ação ocorrerá nos meandros da prática, junto aos sujeitos que a exercem, de forma crítica e reflexiva, formando e transformando os sujeitos e as circunstâncias. Teoria e prática se farão em processo dialético e os saberes vivenciados nessa relação poderão, assim, se transformar em saberes pedagógicos, porque frutos da mediação entre pensar, fazer, refletir, transformar e refazer de todos os envolvidos, pesquisadores e educadores, mesmo porque nesse processo ambos os papéis estarão se confluindo e mesclando-se mutuamente.

Assim argumentando, coloco algumas questões e algumas decorrências, e inicio dando a palavra a Dias de Carvalho (1996: 101): "por que não falar decididamente de uma ciência específica da educação, ou seja, da *ciência da educação*?" (grifos meus).

Sabe-se que há um difundido conceito pluralista de *ciências da educação*, que, de um lado, procura resolver epistemologicamente a complicada realidade dinâmica das práticas educativas, mas, de outro, cria novos problemas. Cada ciência que estuda a educação constitui um domínio particular das ciências fundamentais. Ou seja, a psicologia da educação é uma decorrência da psicologia; a sociologia da educação é decorrência da sociologia, e assim por diante, conduzindo para reafirmar a suposição de que "o pluralismo torne-se pluralidade, diversidade, parcelamento, e em última instância, dispersão de esforços e conhecimentos".[2]

Dessa forma, os resultados da investigação educativa obtidos por essas ciências acabam não interessando e não servindo à educação e, o mais perigoso, conforme meu ponto de vista, é serem assim mesmo apropriados pelos educadores que, acriticamente, acabam se servindo de apoios inadequados à sua prática.

Acredito que essa situação só se resolverá se houver uma ciência que reagrupe esses dados, sintetize-os ou, conforme Dias de Carvalho (op. cit.: 102):

> colocando a essas outras ciências questões próprias, para além das que tenta resolver no seu próprio seio, e que transcendam os interesses do seu âmbito, naturalmente restrito. Só assim estaríamos autorizados a falar de uma verdadeira colaboração interdisciplinar.

---

2. Dias de Carvalho faz esta afirmação apropriando-se da fala de L. Not (1984, p. 24).

PEDAGOGIA COMO CIÊNCIA DA EDUCAÇÃO

Concordo com o autor e acredito que a pedagogia, como qualquer outra ciência, não trabalha isolada das demais, mas deve trabalhar em diálogo, buscando ciências auxiliares, recorrendo e se apropriando de saberes que podem ser pertinentes e relevantes na complexa tarefa de compreender e transformar a práxis educativa.

As profundas transformações que hoje se impõem à epistemologia da ciência permitem que a pedagogia já disponha de diferentes e sofisticados instrumentais e propostas de pesquisa, próprios ao estudo da práxis educativa; portanto, há plena possibilidade de se firmar como a ciência da educação. Mesmo porque a educação clama por uma ciência, clama por transformações em sua prática, aguarda que novos procedimentos a auxiliem em sua tarefa de emancipar a humanidade e encaminhá-la a circunstâncias mais dignas. Por isso tudo há que se questionar a não-aceitação da pedagogia como a ciência da educação, ou mesmo a busca de uma ciência da educação.[3]

Acredito que em quase todos os países, nas diversas circunstâncias educacionais, há o flagrante divórcio entre as teorias pressupostas à prática educativa e a realidade concreta das mesmas. Portanto, cabe a inversão da epistemologia que sugeri: é preciso que, na tarefa investigativa, as práticas não ocorram distantes do olhar do pesquisador, para serem analisadas *a posteriori*, sempre na perspectiva de fracasso e no "poderia ter sido". Cabe inaugurar uma nova proposta epistemológica, que parta dos antecedentes da prática, dos significados latentes que carrega, aos quais só têm acesso quem dela participa, os sujeitos da prática. Junto deles caminha a investigação, na pretensão de, por meio da reflexão crítica, coletiva, formativa, emancipatória, transformar os sujeitos para que eles possam conduzir a novas e desejadas configurações de sua prática.

A ciência da educação terá condições de, superada sua condição de marginalidade científica, de inadequação epistemológica, se firmar como a protagonista de um novo projeto emancipatório, construindo seus próprios saberes, em contínuo diálogo com outros saberes, que serão ou não incorporados, mas a partir de uma direção de

---

3. Mesmo que tivesse outro nome como propôs Quintana Cabanas: *educologia*.

sentido, ditado pelas emanações de seu próprio objeto de estudo e da aplicação compromissada de sua própria metodologia.

Formação de pedagogos: Mediações necessárias

Considerando-se a possibilidade de ser a pedagogia a ciência da educação que se ocupará do estudo sistemático da educação, na dimensão privilegiada da práxis educativa, há que se pretender que sua ação venha a referendar um novo impulso na realização de articulações necessárias entre os saberes educacionais, pedagógicos e docentes.

Sendo a pedagogia compreendida como uma ciência crítico-reflexiva, ela poderá, embasada no caráter especial de sua epistemologia, *mediar* arte e ciência e, mais que isso, poderá também, e necessariamente, incorporar em seu fazer científico o caráter genuíno da prática educativa; *este sim artístico e científico.*

A prática educativa, como pude analisar, é o espaço onde confluem as dimensões do ser e do saber; do espontâneo e do teórico; onde convivem o artesanal, o intuitivo, o criativo do fazer, com os saberes do pensar, do querer, do refletir, todos inerentes ao exercício da prática educativa.

Essa prática, vista em sua essencialidade e tratada com cientificidade, incorporará e transformará o saber-fazer da prática em saberes pedagógicos e esta será a prática pedagógica, o exercício da ciência da educação.

Por essas características é que essa ciência precisa ter na raiz de sua metodologia o caráter de formação e a intencionalidade da emancipação, para formar educadores que dêem expressão crítica a seu fazer, que assim será artístico, ao mesmo tempo em que aprendam a perceber os sentidos e significados dessa prática, para adequá-los, transformá-los, recriá-los num contínuo exercício científico a partir da prática.

Na base dessa metodologia confluem posturas fenomenológicas e dialéticas, pois não será eticamente permitido promover ações trans-

PEDAGOGIA COMO CIÊNCIA DA EDUCAÇÃO

formadoras sem que haja a preocupação anterior de compreender e interpretar o sentido dessas práticas.

Suponho que o decorrer do trabalho explicitou a necessidade dessa ciência para dar suporte reflexivo e crítico à prática educativa; buscando em seu exercício profissional a desejada e requerida integração dialética e emancipatória entre teoria e prática, entre ser e saber fazer, entre fazer e transformar, oferecendo substância e integração da prática educativa aos projetos político-educacionais de uma sociedade.

O que aqui propomos vem na confluência dos profundos estudos sobre a formação de professores, hoje tão presentes na comunidade científica, e que apontam para a necessária formação do professor, de forma inicial e contínua, dentro dos princípios da racionalidade crítica, emancipatória.

O processo formativo, à medida que se aprofunda, passará a requerer procedimentos científicos, ações coordenadas por profissionais pedagogos, metodologia própria, de forma a se ir construindo um corpo de referências, de saberes, de procedimentos, que venham a fazer desta nova linha de pesquisa não mais um modismo educacional, mas uma forma de reconstruir caminhos consistentes para a educação, superando as históricas mazelas que redundam nas questões de fracasso escolar, de inadequação da escola e na desvalorização da pedagogia.

Mais uma vez eu pergunto e deixo a indagação como eixo reflexivo: *se não é a Pedagogia, como ciência da educação, a condutora e operacionalizadora desse movimento deformação de professores reflexivos, qual outra ciência pode assumir esse papel?* E ainda pergunto: frente aos enormes problemas da complexidade da prática educativa, qual outra alternativa a se tomar se não a proposta desta nova racionalidade crítico-reflexiva em relação à formação de professores? E como transformar esta proposta em projeto educacional? Quem poderá assumir a condução desse projeto se não os pedagogos formados para este fim?

Neste ponto acabo deixando claro outra proposta, que enunciei por todo trabalho, mas considero sua não consensualidade: ou seja, acredito que a essencialidade da identidade do pedagogo deverá ser a investigação educacional, centrada na práxis educativa e seus condicionantes.

Acredito nisto, não apenas como decorrência de minha história pessoal na profissão, mas observando por mais de trinta anos essa identidade do pedagogo, com variadas *nuances*, emergindo da sua práxis histórica.

No decorrer de minhas reflexões neste livro fui ressaltando que, à medida que a Pedagogia foi se instrumentalizando, para organizar procedimentos de sala de aula, dentro dos pressupostos de uma racionalidade técnica, ela foi perdendo sua dimensão fundamentadora de ser a parceira crítica da prática educativa, para ser apenas a formadora de *técnicos de produção de aulas*. À medida que historicamente se concebeu que a organização e condução de uma aula é uma tarefa rotineira e tão simples quanto uma linha de montagem e que por isto não há necessidade de reflexão sobre essa prática, o pedagogo foi até considerado como um profissional desnecessário. E, nesta direção, a pedagogia foi deixando de ser Pedagogia.

Quando, ao contrário, os estudos sobre a complexidade da prática docente foram se aprofundando, foi ficando cada vez mais evidente que a formação docente é um processo de vida toda e que requer direção, acompanhamento, formação contínua e comprometida. Essa formação requer profissionais preparados para esta intencionalidade, requer a formação de pedagogos, investigadores da práxis, comprometidos com a apropriação da cultura como condição básica de cidadania.

No processo de sua formação, o pedagogo deve construir profunda intimidade com as questões da docência, do ensino, mas será inconcebível subsumir a formação de pedagogos ao exclusivo exercício docente.

A tarefa pressuposta ao pedagogo, ou seja, a de ser um pesquisador crítico da práxis educativa, requer uma sofisticada formação; assim como a tarefa de formação de um professor crítico-reflexivo também a exige. Mas os focos da formação são diferentes: ao pedagogo, são os processos constituintes e intervenientes na práxis educativa; ao professor, a ênfase está nos processos dialógicos e dialéticos da

PEDAGOGIA COMO CIÊNCIA DA EDUCAÇÃO

relação aluno e conhecimento, quer na construção, quer apropriação desse processo. Focos próximos e complementares, mas diferentes e que requerem olhares, metodologias, procedimentos e preparo diferenciados.

A reconfiguração do papel do pedagogo carrega muitas dificuldades que deverão ser aprofundadas e discutidas com espírito generoso, para além dos corporativismos de classe, numa perspectiva inovadora e adequada aos novos desafios da contemporaneidade. Dentre essas dificuldades deixo em aberto algumas colocações:

- a dificuldade que permeia a complexa formação do pedagogo, que deverá ser pesquisador por excelência, mas formado com bastante intimidade com as práticas educativas, e tendo que construir habilidades de trabalhar dentro de um projeto com o coletivo. Pelo menos, aqui no Brasil, haverá que se refletir sobre a mudança de seu perfil identitário: de prioritariamente professor, para prioritariamente pesquisador da educação como prática social, podendo, como já afirmei, agregar os dois papéis, mas sem deixar de ser pesquisador por princípio;

- deve se investir na também complexa integração de pesquisa acadêmica e contextos da prática educativa, prioritariamente as escolas. Há uma difícil tradição a romper em relação à representação do pesquisador como elaborador privilegiado do problema a ser pesquisado e como organizador e analisador dos dados de pesquisa, para passar a compor um perfil de um profissional articulador das condições de pesquisa, incentivador dos processos de auto-formação continuada; mediador das reflexões a partir das contradições imanentes à prática; elaborador da comunicação subjetiva; articulador dos saberes intersubjetivos; priorizador dos processos de formação e emancipação do grupo;

- pensar em formas mais dinâmicas e diversificadas de divulgação dos saberes produzidos; na organização desses saberes; interligando academia e escolas, universidade e professores do ensino básico, pedagogos e professores;

- discutir o local de trabalho do pedagogo: nas escolas, em centros de pesquisa, centros de formação de educadores, nas universidades e outros espaços sociais não escolares;

- pensar ainda na complexa relação da ideologia que perpassa as práticas escolares e a estrutura das instituições educativas. Em que sentido caminhar? A que intencionalidades responder? Num primeiro momento dever-se-á esclarecer e desvendar as concepções implícitas na práxis, mas transformá-las em que direção? E essa tarefa é também impregnada de valores. Só a prática coletiva poderá caminhar na reconstrução de uma nova ética pedagógica.

Enfim, as peças foram reorganizadas, mas o jogo ficou mais difícil. No entanto, não impossível, nem improvável, mas impregnado de utopia, uma utopia que brota das inquietações de nossa existência concreta e deságua na expectativa de poder e de dever transformar o mundo, agregando pessoas em direção a uma vida coletiva mais decente.

CAPÍTULO 4

Pedagogia: questões contemporâneas

1. A Pedagogia e a construção dos saberes pedagógicos

Com muita freqüência, ao final de palestras que tenho dado sobre a questão da Pedagogia, professores me procuram para dizer que sentem falta de saberes pedagógicos que julgam necessários para realizarem uma prática docente mais consistente, mais agradável, mais produtiva. O termo de que se utilizam é, na verdade, que carecem de *base pedagógica*. Tenho procurado identificar, nos contínuos trabalhos com esses docentes, o que significa *isso* de que sentem falta; tenho também pesquisado nos pressupostos da ciência pedagógica (Franco, 2002) os subsídios necessários à fundamentação da prática educativa/docente.

Tenho percebido que os docentes referem-se às dificuldades de controle da sala de aula como sua maior necessidade formativa. No entanto, percebo que, muitas vezes, existem condições institucionais muito inadequadas, que não permitem aos docentes, exercitarem com dignidade seu trabalho. Porém, os professores, muitas vezes, nem sequer percebem, que suas dificuldades decorrem de condições inadequadas de trabalho. Há muitas universidades, escolas de ensino fundamental, que nos chamam para, em cursos ou palestras, sanarem tais dificuldades que são, apressadamente, consideradas falhas do professor. No entanto, tenho hoje a convicção de que, partir do diagnóstico de necessidades da prática, como subsídio para cursos de capacitação é um equívoco persistente. Todos que estudam e pesquisam a formação docente sabem que não basta ensinar, ou dar orientações, muitas vezes, *dicas*, para que o professor enfrente melhor, algumas dessas suas dificuldades habituais. Acerta-se aqui e logo a seguir surgem outras necessidades que embaralham e colocam novamente o professor em situação de dificuldade; ou seja, nesta direção, o professor não se apropria de saberes que lhe permitem resolver, na prática, no cotidiano, o desafio de exercer suas atividades docentes com criatividade, com inovação, com pertinência e domínio das situações recorrentes.

A partir do olhar da prática e na convicção de que os saberes pedagógicos poderão dar um novo sentido à questão da formação do pedagogo e do professor, é que me proponho, neste livro, aprofundar um pouco o olhar na questão dos saberes pedagógicos. Neste livro coloco à p. 85, que da confluência da práxis pedagógica com a práxis educativa, é que surgem os saberes pedagógicos. Mas, me pergunto: Quais são na realidade, os saberes pedagógicos que podem subsidiar, fundamentar uma prática docente? O que são na realidade saberes pedagógicos? Onde está a pedagogia na prática docente? É possível uma prática docente sem os fundamentos dos saberes da ciência pedagógica?

Pelo menos duas questões fundamentais se colocam quando nos referimos a saberes pedagógicos:

a) De que falamos quando nos referimos a saberes pedagógicos?

b) É possível transformar saberes pedagógicos em conhecimentos científicos?

Há grandes equívocos quando os docentes se referem a saberes pedagógicos e, em pesquisa recente (Franco, 2005), pude verificar que este conceito é permeado por noções simplistas, de senso comum, que significam aos docentes, muitas vezes, desde o *dom de ensinar*, passando por saber aplicar técnicas e métodos, ou mesmo, saber transmitir conteúdos.

PEDAGOGIA COMO CIÊNCIA DA EDUCAÇÃO

Os saberes pedagógicos são, muitas vezes compreendidos pelos docentes, como sinônimos de saberes decorrentes do exercício repetitivo dos procedimentos metodológicos.

Para fundamentar a existência dos saberes pedagógicos é preciso verificar inicialmente que, prática educativa e prática pedagógica, são instâncias complementares, mas não sinônimas. A prática educativa ao existir sem o fundamento da prática pedagógica é uma mera influência educacional sob forma espontaneísta, fragmentada, às vezes até produtiva, outras vezes não. Aquilo que transforma uma prática educativa em uma prática compromissada (práxis), intencional, relevante será o filtro e a ação dos saberes pedagógicos, transformados pedagogicamente em conhecimentos.

Considero que os saberes pedagógicos são os saberes que fundamentam a práxis docente, ao mesmo tempo em que a prática docente será a expressão do saber pedagógico, uma vez que, a atividade docente é uma prática social, historicamente construída, que, no seu exercício, transforma os sujeitos pelos saberes que vão se constituindo, ao mesmo tempo em que os saberes são transformados pelos sujeitos dessa prática.

Para que se comece a buscar e identificar os saberes pedagógicos é ainda preciso que se faça a distinção entre saberes didáticos e saberes pedagógicos.

A distinção conceitual e prática entre Didática e Pedagogia não é fácil, nem acredito que seja uma questão resolvida; o mesmo ocorre, muitas vezes com a distinção entre as didáticas especiais e as metodologias; ou seja, é comum, professores falarem em Didática da Matemática como sendo sinônimo de Metodologia específica da Matemática; Didática Geral como sinônimo de Pedagogia; professores falam de materiais didáticos, mas referem-se também a recursos pedagógicos. Não quero, nem posso, neste texto aprofundar essas discussões, recomendo, no entanto, a leitura de autores que vêm há muito se debruçando nesta questão,[1] mas preciso aqui situar a conceituação de

---

1. Os textos de Libâneo e Pimenta poderão situar o leitor nas questões intrincadas de Didática e Pedagogia tanto vistas aqui no Brasil, como seus textos trarão as referências internacionais necessárias. Dentre outros vide: Pimenta, 1996; 1997; 1999; 2002; Libâneo, 1990; 1994; 1996; 1997; 2001; 2003.

Pedagogia que fundamenta as reflexões aqui trazidas.[2] Antes disso, só para realçar as dificuldades inerentes às controvérsias entre esses conceitos, coloco, para reflexão, um fragmento de um texto de Houssaye (2004: 21):

> Se hoje o termo didática tende a substituir o termo metodologia, convém não ver nisso uma mutação definitiva, pois como observa Terral (1994), estamos assistindo a uma reviravolta completa do conceito de didática: ontem, teoria do ensino, magistral, em primeiro lugar... depois, a reflexão disciplinar sobre a transmissão e, sobretudo, a apropriação dos saberes. A didática tende cada vez mais a se tornar didática comparada e didática geral, envolvendo assim a ancestral pedagogia geral, que se auto-apresentou como metodologia.

Como se sabe, Houssaye está se referindo à realidade francesa, que tem trajetórias muito específicas para a questão da didática e da Pedagogia conforme já considerei em estudos anteriores (Franco, 2002, 2003), mas o que se quer aqui realçar é que, tais controvérsias não são apenas conceituais, mas expressam e carregam a apropriação cultural das práxis históricas que ressignificaram os conceitos; se isto não for considerado corre-se o risco de produzir distorções no discurso pedagógico, acarretando repercussões na consideração de tais termos na prática pedagógica. Quero realçar que um conceito é carregado de sentido histórico, e as divergências conceituais não são apenas semânticas e não existindo a explicitação profunda destes termos, há de se esperar que, muitas vezes, o conceito mal compreendido é apropriado de forma superficial e, no mais das vezes, equivocado.

Considero um desses equívocos a concepção amplamente difundida entre pesquisadores brasileiros de que a docência é a base identitária da Pedagogia, fazendo-nos crer que seja a prática da docência que será o fundamento da ciência pedagógica. No entanto, considero que seja o contrário, ou seja, é a ciência pedagógica que deve fundamentar a prática docente. Abordo essa questão, ao reafirmar que a docência se faz pela Pedagogia:

---

2. Considero que os saberes pedagógicos incluem os saberes didáticos e os transcende pela inclusão de saberes políticos e de saberes crítico-hermenêuticos, conforme esclarecerei ao final.

PEDAGOGIA COMO CIÊNCIA DA EDUCAÇÃO

... a docência se faz pela Pedagogia e não seria correto afirmar que a Pedagogia se faz pela docência. A inversão requerida não é meramente formal, ela expressa uma concepção epistemológica. Enquanto a docência esteve historicamente conformada aos princípios da racionalidade técnica, a Pedagogia, "abandonando" sua vocação epistemológica tornou-se tecnologia organizadora da prática docente. (Franco, 2002b: 125)

Os saberes da docência não podem se organizar no vazio teórico, o que lhes daria a concepção de aplicação tecnológica de fazeres. A prática docente que produz saberes precisa ser epistemologicamente assumida e isso se faz pelo seu exercício enquanto práxis, permeada por sustentação teórica, que fundamenta o exercício crítico-reflexivo de tais práticas. Esse conteúdo para a reflexão crítica é retirado dos fundamentos da ciência pedagógica; apenas tais fundamentos permitem a organização do círculo dialético teoria/prática *versus* prática/teoria, num processo transformador das práticas e das teorias; processo esse fundador dos saberes pedagógicos.

Como se percebeu acima, Houssaye diz que a Pedagogia se auto-apresentou como metodologia; e eu, no decorrer desse livro tenho afirmado que a Pedagogia, abandonando sua vocação de transformadora da práxis educativa, tem se transformado em mera tecnologia. Isso nos alerta para o fato de que a Pedagogia, como qualquer outra ciência, vai se organizando conforme demandas de um tempo e de um espaço histórico. Como metodologia ou como tecnologia a Pedagogia produziu técnicas ou fazeres prescritivos, que hoje não dão conta de absorver toda a complexidade já desvelada, da prática docente contemporânea.

É preciso que se reivindique à Pedagogia um estatuto contemporâneo que possa absorver as especificidades do momento histórico atual.

Se procuro responder à questão da possibilidade de se construir saberes pedagógicos, é preciso que se esclareça a concepção delineada do sentido de Pedagogia. Se a Pedagogia é considerada como tecnologia ela só pode produzir conhecimentos referentes à técnica; se a Pedagogia é considerada em seu viés metodológico, ela produzirá conhecimentos sobre métodos; se, por outro lado, a Pedagogia é concebida como ciência da e para a práxis educativa, ela poderá produzir conhecimentos que fundamentam tal prática, delineados a partir dos saberes pedagógicos, construídos pelos docentes.

Apoiando-me em estudos de Houssaye (1993; 1994; 1995) e em Soëtard (1981) e Franco (2003) reafirmo ser a Pedagogia o espaço dialético para a compreensão e a operacionalização das articulações entre a teoria e a prática educativa; assim não basta à Pedagogia refletir ou teorizar sobre o ato pedagógico; não basta à Pedagogia também, orientar ou, muito menos, prescrever ações práticas para a concretização das práticas educativas. Recorro às palavras de Houssaye (2004: 10): *só será considerado pedagogo aquele que fizer surgir um plus **na** e **pela** articulação teoria/prática em educação.*

Se a Pedagogia é tratada como tecnologia, ela não pode produzir saberes, ela produz, ou melhor, *reafirma e reproduz fazeres*. Essa concepção da Pedagogia como tecnologia é muito forte entre docentes brasileiros, dando sentido à concepção muito arraigada de que, os saberes pedagógicos deveriam ser receitas de como se dar aula; ou mesmo, orientações prescritivas do fazer prático, compreensíveis a partir da racionalidade técnica, que menospreza o sujeito ativo, inquiridor e renovador de suas circunstâncias.

O que na realidade difere um saber de um fazer?

O fazer, decorrente do tratamento da prática, enquanto tecnologia, será o exercício de uma ação mecânica, linear, inflexível, repetitiva. Para a reprodução de um fazer, não se necessita da articulação teoria e prática, não se requer um sujeito pensante e reflexivo, exige-se apenas o refinamento do exercício da prática. É por isso que muitas vezes afirmo aos professores, que o mero exercício docente, nem sempre produz saberes pedagógicos. Anos e anos de magistério, pode produzir apenas, a experiência de reproduzir fazeres, no mais das vezes, caducos e estéreis. Quando essa prática for mecanicamente estruturada, sob forma de reprodução acrítica de fazeres, ela não se transformará em saberes de experiência, pois a prática não foi vivenciada como práxis, não foi renovada e, nem transformada com as águas da reflexão, da pesquisa, da história. Se não houver o exercício da práxis que

PEDAGOGIA COMO CIÊNCIA DA EDUCAÇÃO

renova e rearticula a teoria e a prática, não haverá espaço para a construção de saberes. Neste caso, tempo de serviço não se transforma em saber da experiência, pois esse reproduzir mecânico é ahistórico e não cede espaço para a articulação dialética do novo e do necessário.

Nessa situação, teoria e prática distanciam-se, assim como, sujeito e ação não dialogam. Lembremo-nos das aulas de décadas atrás; o professor reproduzia seus conhecimentos, da mesma forma, do mesmo jeito, por anos e anos seguidos. Isso até fazia reproduzir a cultura de os alunos guardarem os cadernos de uma turma para outra, sabia-se de antemão até os exemplos e os exercícios de que o professor se utilizaria e considerava-se que, quanto mais o professor reproduzia, mais apto ficava como professor.

Já um saber, implica o exercício de uma prática reflexiva, comprometida, com sentido, com intencionalidade. Os saberes decorrem da práxis social, histórica, intencionada, realizada por um sujeito histórico, consciente de seus determinantes sociais, em diálogo com suas circunstâncias. Na práxis, sujeito e realidade dialogam, se transformam e são por ela transformados. Importante a realçar é que os saberes produzem conhecimentos, porque prenhes de sentido, permitem e requerem a ação ativa e consciente do sujeito da ação, sobre suas circunstâncias. Os saberes requerem a presença do sujeito intermediando a teoria com as condições da prática; para tanto os saberes não existem dissociados do sujeito, mas amalgamados a ele, enquanto sujeito autônomo, consciente, criador.

Vale a pena refletir com Imbert (2003) a distinção que ele faz entre prática e práxis, atentando para a questão da autonomia e da perspectiva emancipatória, inerente ao sentido de práxis:

> Distinguir práxis e prática permite uma demarcação das características do empreendimento pedagógico. Há, ou não, lugar na escola para uma práxis? Ou será que, na maioria das vezes, são, sobretudo, simples práticas que nela se desenvolvem, ou seja, *um fazer* que ocupa o tempo e o espaço, visa a um efeito, produz um objeto (aprendizagem, saberes) e um sujeito-objeto (um escolar que recebe esse saber e *sofre* essas aprendizagens), mas que em nenhum momento é portador de autonomia. (Imbert, 2003: 15)

Portanto só a ação docente, realizada como prática social, pode produzir saberes, saberes disciplinares, saberes referentes a conteúdos e sua abrangência social, ou mesmo saberes didáticos, referentes às diferentes formas de gestão de conteúdos, de dinâmicas da aprendizagem, de valores e projetos de ensino.

Aquilo que antecede a possibilidade de produção de conhecimentos sobre a prática são os saberes pedagógicos, saberes estes, que permitem ao sujeito colocar-se em condição de dialogar com as circunstâncias, de compreender as contradições, de articular teoria e prática. É possível, portanto, se falar em saberes pedagógicos, como a possibilidade de criar na prática, conhecimentos sobre a condução, a criação e a transformação dessas mesmas práticas.

O saber pedagógico só pode se constituir a partir do próprio sujeito, que deverá ser formado como alguém capaz de construção e de mobilização de saberes. A grande dificuldade em relação à formação de professores é que, se quisermos ter bons professores, teremos que formá-los como sujeitos capazes de produzir ações e saberes, conscientes de seu compromisso social e político. Não dá para formar professores como objetos dotados de habilidades e competências, instaladas de fora para dentro, sob forma de fazeres descobertos por outros, que nada significam na hora da prática. Sintetizando com a afirmativa de Imbert (2003: 27): *o movimento em direção ao saber e à consciência do formador não é outro senão o movimento de apropriação de si mesmo.*

Quem trabalha com formação de professores está cansado de verificar o desespero de professores frente ao próprio despreparo profissional; saem da faculdade sem saber como organizar um bom começo de prática docente; saem dos cursos de formação continuada sem coragem de empreender mudanças na prática; ou seja, não conseguiram apreender saberes básicos e nem conseguem estar em processo de construção dos saberes pedagógicos.

Quando tenho conversado com formadores sobre essa questão da construção de saberes pedagógicos é comum que me interpelem dizendo que tais conhecimentos/saberes não são palpáveis, ou seja, solicitam detalhamento de processos de formação de docente para a construção de saberes pedagógicos.

Minha perspectiva é a de que os saberes pedagógicos só são possíveis em um sujeito que vai gradativamente assumindo uma posição política frente ao compromisso de ser professor, engajando-se criticamente em suas circunstâncias, cercando e acercando-se de sua realidade existencial, transformando-a em direção às suas intencionalidades. Assim assumido, esse sujeito vai fazer uso do necessário conhecimento didático, metodológico, cultural, servindo-se desse aparato teórico-prático, para ir construindo em ação seus saberes disciplinares, didáticos, metodológicos. A capacidade de articular o aparato teórico-prático, a capacidade de mobilizá-lo na condição presente, a capacidade de organizar novos saberes a partir da prática, essas capacidades em conjunto, estruturam aquilo que chamo de *saberes pedagógicos.*

Para melhor firmar o que expresso, respaldo-me nas observações de duas pesquisadoras chilenas:

> ... partimos del señalamento que el saber pedagógico lo va construyendo el sujeto, en su interacción con la instituición formadora y, posteriormente, en su quehacer profesional... Desde nuestra perspectiva los saberes pedagógicos son una estructura articulada de concepciones, fundamentos, experiencias y metodologías que conforman el conocimiento del docente, otorgan identidad a su quehacer y se incorporan y se construyen en la practica pedagógica. Son, en definitiva, saberes que estructuran el conocimiento del profesional y dan sentido y significado a su práctica cotidiana. (Abraham Mirtha e Lavin Sonia, 2004: 13)

Considero importante o fato das autoras referirem-se aos saberes pedagógicos como saberes estruturantes do conhecimento profissional, que outorgam identidade e que são processuais, vão se constituindo nos caminhos da prática. São saberes dialogantes, reflexivos e que, portanto, não cabem em pacotes prontos de cursos avulsos de formação.

Essas colocações reafirmam também que processos de formação não podem se realizar de forma abreviada, superficial, pois, trata-se de formar, nos futuros docentes, posturas de compromisso, de engajamento, de crítica e de envolvimento com o mundo e com a profissão.

Houssaye (2004) pondera sobre as possibilidades desses saberes serem desenvolvidos na formação de docentes e o autor chega a afirmar que a experiência é fundamental a um aprendiz de docente, mas uma experiência que contenha pelo menos três elementos:

a) um saber *do* saber-fazer;

b) um saber *para* o saber fazer;

c) um saber *a partir* do saber-fazer.

Ao analisar essas três dimensões da experiência, Houssaye vai encaminhar suas reflexões para se pensar a formação como experiência. Vamos depois voltar a esta questão, após aprofundarmos reflexões sobre a possibilidade dos saberes pedagógicos transformarem-se em conhecimentos teóricos.

Dos saberes ao conhecimento pedagógico e vice-versa

Espero que tenha deixado claro até aqui a distinção que faço entre saberes pedagógicos e conhecimentos pedagógicos.

Considero que os saberes pedagógicos são construções cognitivas, realizadas pelos professores, a partir de sua prática cotidiana, que é significada, inicialmente, por conhecimentos pedagógicos prévios, que se organizam sob forma de concepções e pressupostos, sobre os sentidos de ser e de estar professor.

Os conhecimentos pedagógicos são construções teóricas, elaboradas por pesquisadores da área, que se organizam sob forma de teorias ou preceitos e que são apropriados pelos docentes, quer sob a forma de estudos ou pesquisa, quer sob a forma de generalizações teóricas do senso comum. Essa questão dificulta a compreensão do sentido de conhecimento pedagógico, uma vez que, quem circula e pesquisa no cotidiano das salas de aulas, percebe que as práticas escolares, muitas vezes, organizam-se em torno de teorias que não são,

PEDAGOGIA COMO CIÊNCIA DA EDUCAÇÃO

necessariamente, aquelas produzidas pelas ciências da educação, especialmente, a Pedagogia.[3]

Essa questão da dissonância entre as teorias que estão presentes na prática e as teorias produzidas pelas ciências da educação realça que a teoria pedagógica, historicamente construída, nem sempre se fundamentou na compreensão da realidade das práticas educativas.

Aprofundando essa questão que sempre me foi intrigante, já afirmei (Franco, 2002) que a riqueza de sentidos, a abundância de representações, a complexidade das intenções presentes nas práticas educacionais, foram por muito tempo, não consideradas, pois historicamente, a Pedagogia estudou a educação pelos referenciais da ciência clássica, utilizando-se de reduções, de classificações padronizadas, tentando estudar os fenômenos através de relações de causalidade, priorizando análises meramente quantitativas e com isso desfigurando a complexidade da prática educativa.

Dessa forma, as teorias, os conhecimentos educacionais constituídos nem sempre expressaram a realidade complexa do fenômeno educativo. As teorias educacionais, muitas vezes, não traduziram o sentido implícito das práticas cotidianas e assim, nem sempre, impregnaram de compreensão o saber fazer dos educadores, dificultando sua utilização como suporte enriquecedor das ações práticas educativas, e com isso houve sempre dificuldade em serem apropriadas ou incorporadas pelos sujeitos que a exercem.

Esta situação configura uma possível explicação da grande distância que foi se estabelecendo entre a teoria e a prática educativa. Ou seja, os estudos científicos sobre a educação, de cunho positivista, ao se utilizarem de olhares e suportes científicos, característicos de outras ciências, separaram sujeito e objeto de pesquisa, desprezaram as subjetividades inerentes à ação humana, distanciaram os interesses entre pesquisadores e pesquisados, recortaram artificialmente o contexto da pesquisa, deixando portanto de apreender a essência do sentido dessas práticas, congelando interpretações fragmentadas e sem sentido. Essas interpretações, captadas de forma parcial pelo olhar

---

3. Ver nesse sentido os estudos de Becker (1995), sobre a epistemologia do professor.

redutor dos pressupostos da ciência clássica, retiraram da cena educativa o significado original de suas práticas, expresso e vivido pelos protagonistas, impedindo que os resultados desse trabalho científico fossem percebidos pelos sujeitos, como expressão de sua ação.

Para melhor compreender o que pretendo expressar, faço minhas a fala do pedagogo Söetard (2004: 51), ao afirmar que *as ciências da educação continuam sendo construções teóricas que não conseguem encontrar a passagem para o real e instrumentar realmente a prática.*

Sabe-se que, quando o sujeito não constrói sentido, ele não consegue realizar a apreensão cognitiva/emocional dos conhecimentos teorizados, os sujeitos não percebem uma relação entre os conhecimentos teóricos e suas ações cotidianas.

Essa situação da inadequação histórica dos suportes científicos à pedagogia produziu muita dificuldade na interpenetração da teoria e prática educacionais, impedindo a fertilização mútua entre os dois pólos da atividade educativa, reafirmando a esterilidade de muitas teorias e a inadequação de muitas práticas. Se fôssemos nos pautar pelas reflexões de Rousseau estaria tudo bem. Rousseau, no prefácio do livro *Émile*,[4] afirma:

> Ou tudo está em jogo na prática e se exerce tal prática sem questionamento, ou se faz um questionamento sobre tal prática e se entra no campo da teoria, a qual deve ser então assumida plenamente. *Misturar prática e teoria é correr o risco de uma corromper a outra*, pois nesta liga o bem estraga-se e o mal não se cura.

Acredito que a história da Pedagogia levou bem a sério essa questão *rousseauniana* de não misturar teoria e prática e foi amplamente auxiliada pelo sentido de ciência que predominou até quase o final do século passado, pois os fundamentos positivistas da ciência clássica, ao separar sujeito e objeto, separavam também a teoria da prática; a ação de seu sentido; o sujeito de sua existência.

Essa situação vem se cristalizando historicamente e permitindo expressões tão contundentes quanto a de Atkin (1994: 104), ao afir-

---

4. Apud Söetard, 2004, p. 55.

PEDAGOGIA COMO CIÊNCIA DA EDUCAÇÃO

mar que a pesquisa educacional não é um empreendimento que faz diferença nas questões educacionais, tanto na sala de aula, como nos fóruns nos quais as decisões são tomadas. Ou afirmativas quase consensuais como a do próprio Zeichner (1998: 218) ao considerar que, freqüentemente, *o conhecimento gerado por meio da pesquisa educacional acadêmica é apresentado de uma forma que não leva os professores a se engajarem intelectualmente. A pesquisa educacional tem sido estranhamente muito anti-educativa.*

Isso nos leva a perguntar: o que de fato é o conhecimento pedagógico? Seriam as teorias estéreis, produzidas sem a ótica dos saberes da prática? Seriam as teorias que não carregam sentidos aos práticos? Ou teorias que se organizam a partir do sentido expresso nas práxis?

Acredito que as teorias só se transformam em conhecimento pedagógico quando se tornam expressões dos sentidos esclarecidos no exercício da práxis.

No entanto, há uma dificuldade metodológica: como elaborar conhecimentos a partir dos sentidos que a práxis elaborou, de forma que tais conhecimentos possam expressar o significado de conhecimento pedagógico? Para se responder há que se pensar nas possibilidades científicas da ciência ou das ciências da educação.

No entanto, é preciso que se reafirme que, quando falamos em conhecimentos que se organizam a partir das teorizações sobre os saberes da prática, não estamos nos referindo a conhecimentos praticistas, pragmáticos, mas estamos realçando que os conhecimentos teóricos devem ser elaborados com a finalidade de melhor compreender e especificar articulações entre a teoria e a prática, atendendo com isso o sentido de Pedagogia que aqui expressamos.

Acredito que devemos radicalizar na afirmação de Rousseau e definitivamente desejar que a Pedagogia, enquanto ciência da educação, resolva mesmo correr o risco de "misturar teoria e prática", e, mais que isso, resolva considerar a impossibilidade de prática sem teoria e de teoria sem prática e, a partir disso, assumir que seu papel será o de compreender essa "mistura", dando sentido e possibilidade às articulações entre teoria e prática. A partir dessa compreensão é que os conhecimentos pedagógicos poderiam ser organizados.

Mas não é simples a proposta de produzir conhecimentos sobre as articulações teoria e prática, dificuldade comentada por Meirieu (1995) sobre as distâncias entre o dizer e o fazer pedagógico: o pedagogo nem sempre diz o que faz e muitas vezes diz o que não faz. Mas nesse abismo entre o dizer e o fazer há um princípio de realidade: é a descoberta das inevitáveis distâncias entre o real e as utopias; entre o que aconteceu e o que foi planejado; entre o pensado e o vivido; entre as generalizações e as singularidades, confrontos inerentes à complexidade da realidade educativa.

Pressupõe-se que o conhecimento científico estruture-se a partir de leis gerais (não há ciência senão no geral, conforme Aristóteles), mas a prática configura-se na contextualidade, na especificidade; essa representação entre ciência e prática parece que dificultou a organização de conhecimento científico a partir das articulações teorias-práticas. Esse é um problema que a Pedagogia enquanto ciência deverá resolver, ou seja, estruturar-se como ciência da prática e para a prática. Isto tem se mostrado uma tarefa difícil, mas há caminhos possíveis e o próprio Houssaye (1988: 21) afirma: *há teoria à medida que nos propomos e fazemos funcionar, teórica e praticamente, uma problemática nova, um esquema de análise da situação pedagógica.*

A Pedagogia como ciência precisará absorver o papel de integradora e disponibilizadora dos saberes produzidos pelos práticos, promovendo a *situação comunicativa* proposta por Habermas, a partir de uma perspectiva emancipatória, ou seja, valorizando os saberes dos práticos, permitindo-lhes criar e transformar o sentido de seu cotidiano. Para tanto, requer-se da Pedagogia enquanto ciência, um caráter de auto-reflexão, que inclui sempre a crítica por princípio e a intersubjetividade como ponto de partida na compreensão da subjetividade, tendo como finalidade emancipar o sujeito da opressão da racionalidade burocrática dos sistemas escolares.

Como já afirmei em Franco (2002), Vieira Pinto (1985) realça que o critério de validade da ciência deverá ser expresso pela prática social intencionada, fruto do engajamento do homem em seu processo produtivo. Assim a pesquisa científica só se faz válida à medida que se realiza para produzir bens indispensáveis à existência e adquirir instrumentos de transformação do mundo em proveito do homem.

PEDAGOGIA COMO CIÊNCIA DA EDUCAÇÃO

Ou seja, a produção científica deverá se sustentar por uma perspectiva ideológica e política; melhor dizendo, se o produto da ciência não puder ser apropriado pelo homem, a tarefa científica passa a ser alienada e alienante e com isto perde as possibilidades de se afirmar como produtora de transformações. Esse é o grande dilema da Pedagogia como ciência da educação.

Zeichner (1997) acredita na possibilidade de os docentes serem co-autores da pesquisa pedagógica ampliando assim a legitimidade das investigações desenvolvidas pelos próprios professores. O autor enfatiza, especialmente, a questão da validade dialógica reflexiva, ou seja, a capacidade da pesquisa promover o diálogo, a reflexão entre professores, de abrir espaços interativos para convivência crítica, para além da rotina e dos espaços burocraticamente organizados. Neste sentido cabe realçar que a pesquisa precisa deixar suas marcas, não apenas na reflexão dos sujeitos, mas nos espaços administrativos que assim se transformarão em espaços pedagógicos.

A pesquisa científica em educação não pode mais se contentar em estudar separadamente as duplas de professor/aluno, saberes/conteúdos, nem mais separar teoria e prática. Será preciso que a metodologia em educação passe a organizar conhecimentos a partir dos saberes construídos nas práticas, pelos práticos. A metodologia da pesquisa ainda precisa caminhar muito para saber identificar tais saberes, sem fragmentá-los; compreender tais saberes de forma contextualizada e apreendê-los em seus reais significados. Essa tarefa cabe à Pedagogia: organizar saberes de investigação que lhe permitam transformar os saberes pedagógicos em conhecimentos pedagógicos.

Saberes da formação

Uma preocupação que está sempre presente nos formadores de docentes é como formar os futuros professores para que saibam construir, no processo da prática, saberes docentes e, mais que isso, como formar docentes que saibam mobilizar os conhecimentos pedagógicos na transformação de suas práticas e dos próprios saberes que vão sendo percebidos como ultrapassados ou inadequados para algumas situações. Essa questão não vai ser resolvida nesse final de artigo, será apenas anunciada como perspectiva.

Como já disse anteriormente, Houssaye (2004) pondera sobre as possibilidades dos saberes serem desenvolvidos na formação de docentes e o autor chega a afirmar que a experiência é fundamental a um aprendiz de docente, mas uma experiência que contenha pelo menos três elementos:

a) um saber *do* saber-fazer;

b) um saber *para* o saber-fazer;

c) um saber *a partir* do saber-fazer.

Quero realçar que não acredito que uma instituição formadora possa transmitir saberes a outrem, mas acredito que há processos de formação que abrem espaços para que os formandos se coloquem em processos de autoformação, estruturando uma nova relação do sujeito com o saber.[5]

Neste sentido já escreveu Pimenta (1999: 26) que o futuro profissional não pode constituir seu *saber-fazer* senão a partir de seu próprio fazer. E ainda reafirma a autora: *não é senão sobre esta base que o saber, enquanto elaboração teórica se constitui.*

Houssaye e Pimenta concordam que a base para a formação de docentes deverá ser o próprio fazer profissional e Pimenta afirma que *os saberes sobre a educação e sobre a pedagogia não geram os saberes pedagógicos. Esses só se constituem a partir da prática, que os confronta e reelabora.* Será necessário, portanto, que os processos de formação não exponham apenas os formandos à prática, mas que trabalhem os confrontos que a prática suscita.

A distinção das três formas de saber organizada por Houssaye evidencia que existe um *saber-fazer* da profissão docente, visto mesmo sob a forma de conhecimentos pedagógicos e pode conter o conhecimento sobre os métodos e técnicas do ensino, mas ele se refere a um

---

5. Vide Charlot, Bernard (2000: 78): A relação com o saber é relação de um sujeito com o mundo, com ele mesmo e com outros. É relação com o mundo como *conjunto de significados*, mas, também, como *espaço de atividades*, e se inscreve no *tempo*.

PEDAGOGIA COMO CIÊNCIA DA EDUCAÇÃO

saber do saber-fazer e isso faz toda diferença; essa sua colocação pressupõe o papel ativo, crítico e reflexivo do professor sobre o conhecimento disponível sobre os fundamentos da prática. Esse saber seria a capacidade do sujeito professor afirmar: nesta aula usei esse procedimento e isso produziu tal conseqüência. Ou seja, um saber do saber-fazer, implica um sujeito que fala, observa, critica o uso de procedimentos da prática.

Um *saber para o saber-fazer* implica a possibilidade do sujeito lançar hipóteses sobre práticas prováveis; planejar procedimentos para um incidente específico; analisar práticas alheias.

Um *saber a partir do saber-fazer*, também, é diferente de saber-fazer simplesmente, estamos falando de um sujeito que aprende a olhar a própria prática, aprende a refletir sobre ela; aprende a buscar alternativas à sua transformação; percebe a adequabilidade ou inadequação de práticas cotidianas, coloca em estranhamento procedimentos familiares e acostuma-se a buscar o novo; esses saberes irão propiciar ao docente realizar teorizações sobre a articulação teoria e prática; ou seja, aprender a pedagogizar a própria prática.

Fabre (2004: 111) diz que a Pedagogia pode produzir muitos saberes, mas há três tipos de saberes que só ela pode produzir: são os possíveis *saberes pragmáticos*, os *saberes alternativos políticos* e os *saberes hermenêuticos ou críticos*. Considero que essa estruturação de Fabre é muito próxima da de Houssaye, no sentido do conteúdo de tais saberes, não em sua dimensão formativa do sujeito que aprende. Na perspectiva de Fabre, somente os saberes hermenêuticos podem ser apropriados pelos sujeitos a partir da perspectiva dialética de compreensão, de interpelação, de descrição. Este autor considera que os saberes pragmáticos são transferíveis e objetiváveis, pois, referem-se a métodos, a procedimentos. Já os saberes políticos, Fabre os considera de uma ordem diferente dos saberes pragmáticos, pois permitem ao sujeito compreender as alternativas de um projeto inovador criada por um sujeito (pedagogo) que se insurgiu contra o que existe e propõe uma nova perspectiva de intencionalidade. Fabre não considera tais saberes na perspectiva da formação de futuros docentes, mas como conhecimentos pedagógicos produzidos cientificamente ao longo da história da Pedagogia.

Considero que os processos de formação precisam considerar a estruturação de uma experiência formativa, experiência essa que não apenas mostra a prática; transmite teorias; discursa sobre a profissionalização; essa experiência precisa colocar o sujeito em processos de diálogos com a realidade; diálogos formativos com sua própria identidade, diálogos que irão formar capacidades de reelaboração reflexiva, a partir das contradições da existência vivenciada.

Para se entender essa experiência formativa é preciso considerar, como o faz Houssaye (2004), a dimensão da experiência no sentido experencial, em detrimento da dimensão experimental. Segundo o autor, a dimensão experimental funda-se no paradigma positivista que, neste caso, pressupõe que experimentar é saber aplicar; já a dimensão experencial fundamenta-se no pressuposto hermenêutico, que nesse caso, passa a considerar a experiência como busca de sentido.

A história brasileira com formação de docentes utilizou-se sempre dos estágios para complementar o currículo de formação de professores, mas tais estágios foram sempre vistos na dimensão experimental: pressupunha-se que primeiro se aprende a teoria e depois se aplica na prática. Essa fórmula já está teoricamente desgastada, no entanto, na prática ainda continua a fundamentar a formação de nossos docentes.

Será preciso que os processos formativos de docente absorvam a dimensão experencial, não mais separando teoria e prática, mas mergulhando desde o início, o aluno e o formador em situação de mediação dos confrontos da prática, buscando a significação das teorias. Só assim será possível fazer o exercício da pedagogia: criar articulações cada vez mais profundas entre a teoria e a realidade. Essa é a grande tarefa que os cursos de formação devem enfrentar.

2. O que pode e deve ser a Pedagogia hoje

Há décadas estão os educadores brasileiros discutindo a problemática do espaço sócio-profissional dos pedagogos. Essa discussão tem girado em torno da questão da identidade desse profissional, bem como, em decorrência, da configuração de um curso que venha a se adequar a tal perfil de profissionalidade.

As reflexões em torno dessa temática têm-se enredado na polarização de posicionamentos que, em última análise, contrapõem o bacharelado e/ou a licenciatura como focos nucleares ao curso de Pedagogia. Dito de outra forma: qual a base identitária desse profissional? Ser ou não ser a docência sua base identitária, eis a questão centralizadora.

Apesar da consensualidade produzida por alguns movimentos de educadores, em direção a um posicionamento que reafirma ser a docência a base dessa formação, tenho, em meus estudos e pesquisas, reafirmado que, essa posição tem conduzido, pedagogos e educadores, a uma armadilha histórica. Ou seja, na realidade, o que se configurou, em decorrência desse posicionamento, foi a situação de que, pode-se prescindir dos estudos e pesquisas pedagógicas para se formar um docente. Bastam cursos de formação de docentes, que podem ser organizados de diferentes formas, quer sob forma de Institutos Superiores de Formação, ou Cursos Normais Superiores, ou cursos isolados de licenciatura, ou mesmo, cursos organizados à distância, atendendo, conforme a intencionalidade, os quesitos de uma abreviada formação técnico instrumental. Essa situação tem produzido uma representação social da quase desnecessidade da Pedagogia. Basta uma análise crítica dos textos da legislação educacional, a partir da LDBen, para se perceber esse paradoxo. Ao mesmo tempo em que tenta se preservar o referido curso, nas interpretações da própria lei, ele passa a ser dispensável.

Acredito que as contradições postas em relação à formação do pedagogo e a formação de docente ficaram mais evidentes após a definição, pelo Conselho Nacional de Educação, das Diretrizes Curriculares para o Curso de Pedagogia.

Esse documento legal não discriminou as diferentes matrizes conceituais pelas quais se pode analisar a Pedagogia: ou seja, *a Pedagogia como área de conhecimento; a Pedagogia como curso de formação e a pedagogia como prática social*. Essas três abordagens deveriam caminhar articuladamente, em mútua fecundação, de forma que a práxis alimentasse a construção de saberes pedagógicos que organizariam conhecimentos a dialogar com as teorias educacionais, mas não foi o que ocorreu nem historicamente, nem nesse momento da elaboração das diretrizes. Essa situação foi construindo descompassos entre a epistemologia, a práxis e o campo teórico. No caso da atual Resolução do Conselho Nacional de Educação constata-se que a Pedagogia não foi considerada enquanto campo científico, o que, por certo, dificultará a inserção dos processos e práticas de formação, na realidade do mundo contemporâneo. Essa situação vem agravar o vácuo já existente entre o campo de referência da investigação pedagógica e suas práticas de formação profissional.

Considerando as imensas necessidades educacionais que o mundo contemporâneo nos coloca; considerando o imenso clamor que vem da escola abandonada de diretrizes e perspectivas pedagógicas; considerando o abandono dos professores que, ilhados nas escolas, sem tempo, espaço e condição para se organizarem em coletivos investigativos e reflexivos, consideramos que precisamos dar um passo além, ou retomar uma visão antecedente, para poder caminhar e, finalmente, considerar: *Afinal, o que pode e deve ser a pedagogia hoje?*

Para enfrentar as respostas nesta direção creio que precisamos olhar o problema dentro da dimensão própria do pensamento crítico, isto é, em duas direções:

a) como crítica interna, produzindo uma análise rigorosa nos argumentos teóricos e metodológicos que tem permeado a problemática; e

b) no pensamento voltado às condições de regulação social, de desigualdade e de poder. Na articulação das duas dimensões o pensamento crítico estará voltado para as possibilidades de transformação social.

Assim proponho que os pedagogos se organizem em comunidades investigativas na intenção de responder às demandas postas na educação brasileira, e coloquem a necessidade de pesquisas e estudos na direção de:

• pesquisas que produzam balanço crítico das produções acadêmicas, com foco, na ciência pedagógica nos últimos dez anos:

o que se produziu? como se produziu? de que forma o conhecimento produzido foi organizado em sínteses de pensamentos e teorias sobre a questão da pedagogia? como tais produções foram sendo apropriadas na prática pedagógica?

- pesquisas e estudos que produzam um balanço crítico das práticas pedagógicas e de formação do pedagogo em relação aos cursos formadores. Como ocorreu nesses dez últimos anos a transformação dos cursos de Pedagogia? como, neste processo se organizaram os saberes docentes? como tais saberes qualificaram a prática docente? quais as possibilidades construídas na direção de formação de um docente articulado às necessidades de sua profissão? *Em que sentido os cursos de Pedagogia têm qualificado a formação docente?*

- Numa terceira dimensão poderíamos pensar em pesquisas sobre as demandas expressas pelo mundo contemporâneo: como se alteraram as condições de regulação social/desigualdade/poder? que necessidades sociais tais regulações impõem ao profissional pedagogo? *como dimensionar uma nova profissionalidade pedagógica?*

- Ainda nesta perspectiva há que se refletir: como tem caminhado a construção de uma *ciência do ensino e dos ensinadores* (professores). Em que pressupostos teóricos pode tal ciência se organizar? Na certeza de que os antigos conhecimentos produzidos dentro da racionalidade técnica, não podem dar conta de formar o professor, dentro de um quadro de complexidade social e cultural, por onde começar a organização dos conhecimentos que fundamentariam a ciência pedagógica? *Em que ciência tem se balizado os cursos de Pedagogia que se comprometem à formação de docentes?*

- Ainda há necessidade de aprofundar os estudos buscando articulações e rupturas que foram ocorrendo entre os diferentes prismas de referências conceituais: ou seja, *a Pedagogia como área de conhecimento; a Pedagogia como curso de formação e a pedagogia como prática social*. Há necessidade de olhar os descompassos, historicamente construídos, entre a epistemologia, a práxis e o campo teórico da Pedagogia.

Assim considero que a Pedagogia, enquanto campo específico de conhecimento, enquanto práxis social, é um espaço aberto que clama por novas perspectivas, por novas articulações com as demandas educacionais brasileiras.

Para finalizar reitero trechos do artigo que se constituiu em Manifesto pela Pedagogia, elaborado por Selma Garrido Pimenta; José Carlos Libâneo e eu,[6] onde consideramos que a formação de pedagogos deve se assentar nos seguintes pressupostos:

a) A educação é uma prática social humana, cuja finalidade é possibilitar às pessoas realizarem-se como seres humanos, portanto, partícipes do processo civilizatório, dos bens historicamente produzidos e dos problemas gerados por esse mesmo processo. Ela realiza essa finalidade pela mediação dos conhecimentos, da cultura, dos valores, dos modos de agir, por processos comunicacionais, implicando a apropriação e produção de saberes numa perspectiva crítica tendo por base o interesse emancipatório da sociedade.

b) A Pedagogia, enquanto ciência da educação auxiliada por diferentes campos do conhecimento, estuda criticamente a educação como práxis social, visando analisá-la, compreendê-la, interpretá-la em sua complexidade, e propor outros modos e processos para sua concretização, com vistas à construção de uma sociedade justa e igualitária.

c) Nesse sentido, a Pedagogia vincula-se diretamente à prática educativa que constitui seu campo de reflexão, pesquisa e análise, tendo como tarefa o estudo e a reflexão sistemática sobre o fenômeno educativo, sobre as práticas educativas, para poder ser uma instância orientadora do trabalho pedagógico. É ciência *da* e *para* a educação, portanto, é a teoria e a prática da educação. Tem um caráter ao mesmo tempo explicativo,

---

6. Manifesto de Educadores Brasileiros sobre as Diretrizes Curriculares Nacionais para o Curso de Pedagogia, construído em setembro de 2005, por Selma Garrido Pimenta; José Carlos Libâneo e Maria Amélia Santoro Franco e que foi subscrito por 215 educadores.

praxiológico e normativo da realidade educativa, pois investiga teoricamente o fenômeno da educação, formula orientações para a prática a partir da própria ação e propõe princípios e normas relacionados aos fins e meios da educação.

Para nós, portanto, o curso de Pedagogia constitui-se no *único curso* de graduação onde se realiza a análise crítica e contextualizada da educação e do ensino enquanto práxis social, formando o *pedagogo*, com formação teórica, científica, ética e técnica com vistas ao aprofundamento na teoria pedagógica, na pesquisa educacional e no exercício de atividades pedagógicas específicas.

Bibliografia

ABBAGNANO, Nicola; VISALBERGHI, Antônio. *A história da Pedagogia*. Lisboa: Livros Horizontes, 1981. 4 v.

ABRAHAM Nazif, Mirtha; LAVIN Herrera, Sonia. Los procesos de Formación Pedagógica em Instituiciones Formadoras de Docentes. *Investigación Fondecyt*. PIIE, Chile, 1994.

AECSE. *Les sciences de l'éducation*: enjeux et finalités d'une discipline. Distribué par l'INRP. Paris, 1993.

ALTHUSSER, Louis. *Idéologie et appareils idéologiques d'état*. Paris: Pensé, 1970.

ANDRADE FILHO, Bento. *Pedagogia*: estudo filosófico-científico da educação. São Paulo: Saraiva, 1957.

ANDRÉ, Marli D. A abordagem etnográfica: uma nova perspectiva na avaliação educacional. *Tecnologia Educacional*. Rio de Janeiro, ABT, n. 24, 1978, p. 9-12.

_____. A pesquisa no cotidiano escolar. In: FAZENDA, Ivani. *Metodologia da Pesquisa Educacional*. São Paulo: Cortez, 1989.

_____. Desafios da pesquisa sobre a prática pedagógica. *Anais II. IX ENDIPE*. Águas de Lindóia, São Paulo, 1998.

_____. O papel da pesquisa na articulação entre saber e prática docente. In: *VII Encontro Nacional de Didática e Prática de Ensino*. Goiânia, 1994, p. 291-296.

_____. O papel mediador da pesquisa no ensino de didática. In: ANDRÉ, Marli; OLIVEIRA, Maria Rita (Orgs.). *Alternativas no ensino de Didática*. Campinas: Papirus, 1997.

ANÍSIO, Pedro M. *Tratado de Pedagogia*. Rio de Janeiro: Civilização Brasileira, 1934.

ARDOINO, Jacques. Les sciences de l'éducation: analyseurs paradoxaux des autres sciences? In: *L'année de la recherche en sciences de l'éducation*. Paris: PUF, 1994, p. 29-52.

ARDOINO, Jacques; BERGER, Guy. Du discours et des faits scientifiques dans les dites sciences de l'éducation. In: *L'année de la recherche en sciences de l'éducation*. Paris: PUF, p. 5-38, 1997.

ATKIN, M. Teacher research to change policy: an illustration. In: HOLLINGSWORTH, S.; SOCKETT, H. (Eds.). *Teacher research and educational reform*. Chigaco: University of Chicago Press, 1994.

AZEVEDO, Fernando. *A educação e seus problemas*. São Paulo: Companhia Editora Nacional, 1937.

AZEVEDO, Fernando. *Novos caminhos e novos fins*. São Paulo: Melhoramentos, 1947.

BACHELARD, Gaston. *A formação do espírito científico*. Rio de Janeiro: Contraponto, 1996.

BAUDELOT, Christian; ESTABLET, Roger. *L'école capitaliste en France*. Paris: Maspero, 1971.

BECKER, Fernando. *Epistemologia do professor*. São Paulo, Cortez, 1995.

BERGER, P. L.; LUCKMANN, T. *A construção social da realidade*. Petrópolis: Vozes, 1974.

BERTRAND, Yves; HOUSSAYE, Jean. Didactique et pédagogie: l'illusion de la différence. L'exemple du triangle. In: *Les sciences de l'éducation*. 1. CERSE. Université de Caen, 1995, p. 7-24.

BOMBASSARO, L. C. Epistemologia: produção, transmissão e transformação do conhecimento. *Anais do VII Encontro Nacional de Didática e Prática de Ensino*. Goiânia, 1994.

BOUCHON, Consuelo. *Curso de Pedagogia*. Rio de Janeiro: AEC, 1964.

BOURDIEU, Pierre; PASSERON, Jean-Claude. *A Reprodução*: elementos para uma teoria do sistema de ensino. Rio de Janeiro: Francisco Alves, 1975.

BRZEZINSKI, Iria. Dilemas institucionais e curriculares do curso de Pedagogia: do professor primário ao professor "primário". *Anais do VII Encontro Nacional de Didática e Prática de Ensino*. Goiânia, 1994.

BRZEZINSKI, Iria. *Pedagogia, pedagogos e formação de professores*. Campinas: Papirus, 1996.

CAMBI, Franco. *História da Pedagogia*. São Paulo: UNESP, 1999.

CAMPOS, Francisco. Exposição de motivos. reforma do ensino superior. *Diário Oficial da União*. Rio de Janeiro, 15 abr. 1931, p. 5830-5839.

CARR, Wilfred. *Una teoria para la educación*: hacia una investigación educativa crítica. Madrid: Morata, 1996.

CHAGAS, Valnir. *Formação do magistério*: novo sistema. São Paulo: Atlas, 1976.

CHAGAS, Valnir et al. Algumas questões sobre o curso de Pedagogia. *Revista Inter-ação*. Goiânia, 8 (1-2), 1984, p. 11-117.

CHARLOT, Bernard. *A mistificação pedagógica: realidades sociais e processos ideológicos na teoria da educação*. Rio de Janeiro: Guanabara, 1986.

_____. Une discipline universitaire dans um champ de pratiques sociales. In: *Cahiers Pédagogiques*. Paris: INRP, 334, 1995, p. 12-17.

_____. *Du Rapport au Savoir*: éléments pour une théorie. Paris: Economica, 1997.

_____. *Les sciences de l'éducation*: un enjeu, un défi. Paris: ESF Éditeur, 1996.

_____. Les sciences de l'éducation en France: une discipline apaisée, une culture commune, un front de recherche incertain. In: HOFSTETTER, R.; SCHNEUWLY, B. *Le pari des sciences de l'éducation* (Raisons éducatives). Paris, Bruxelles: De Boeck Université, 1999.

_____. *Da relação com o saber*: elementos para uma teoria. Porto Alegre: Artes Médicas, 2000.

COELHO E SILVA, J. P. C. Das ciências com implicações na Educação à Ciência específica da Educação. *Revista Portuguesa de Pedagogia*. Coimbra: Universidade de Coimbra, 1991, p. 25-45.

COMENIUS, Juan Amós. *Didáctica Magna*. Madrid: Akal, 1986.

COMPAYRÉ, Gabriel. *Histoire de la Pedagogie*. Delaplane: Paris, 1911.

CORREIA, José Alberto. *Para uma teoria crítica em educação*. Portugal: Porto Editora, 1998.

COSTA, Marisa Vorraber (Org.). *Caminhos investigativos*: novos olhares na pesquisa em educação. Porto Alegre: Mediação, 1996.

DE HOVRE, Fr. *Ensaio de Filosofia Pedagógica*. São Paulo: Companhia Editora Nacional, 1969.

DEBESSE, M.; MIALARET, G. *Tratado das Ciências Pedagógicas*. São Paulo: Editora Nacional, USP, 1974, 2 v.

DEMO, Pedro. *Pesquisa participante: mito ou realidade*. Rio de Janeiro: Senac, 1984.

DEMO, Pedro. *Introdução à metodologia da ciência*. São Paulo: Atlas, 1983.

DERBOLAV, Josef. A posição da Psicologia Pedagógica no quadro das Ciências da Educação. In: HETZER, H. *Psicologia Pedagógica*. Lisboa: Fundação Calouste Gulbekian, 1959.

DEVELAY, Michel. N'y a-t-il pas mieux à faire que de vouloir prouver? In: HADJI, Charles; BAILLÉ, Jacques. *Recherche et éducation: vers une nouvelle alliance*. Bruxelas: De Boeck & Lancier, 1998.

DEVELAY, Michel. *Peut-on former les enseignants?* Paris: ESF, 1996.

DEVELAY, Michel. L'indispensable réflexion épistémologique. In: *Cahiers Pédagogiques*. Paris: INRP, 334, 1995, p. 25-26.

DEWEY, J. *Democracia e Educação*. São Paulo: Nacional, 1976.

DIAS DE CARVALHO, Alberto. *A educação como projeto antropológico*. Porto: Afrontamento, 1992.

_____. *Utopia e Educação*. Portugal. Porto Editora, 1994.

_____. *Epistemologia das ciências da educação*. Porto: Afrontamento, 1996.

DILTHEY, Wilhelm. *Fundamentos de um sistema de Pedagogia*. Buenos Aires. Losada, 1940.

DURKHEIM, Émile. *Educação e Sociologia*. São Paulo: Melhoramentos, 1967.

ESPÓSITO, Vitória H. A primazia da percepção como fundamento do ato criador e o fazer pedagógico. In: MARTINS, Maria Anita; ESPÓSITO, Vitória H. *Pedagogo-artesão*: construindo a trama a partir da sala de aula. São Paulo: Educ, 1996.

ESTRELA, Albano. Pedagogia ou Ciência da Educação? *Revista Portuguesa de Pedagogia*. Coimbra: Universidade de Coimbra, ano XVI, 1980, p. 367-72.

ESTRELA, Albano. *Pedagogia, ciência da educação?* Portugal: Porto Editora, 1993.

ESTRELA, Albano; FALCÃO, M. Para uma definição do estatuto epistemológico das Ciências de Educação. *Revista Portuguesa de Pedagogia*. Coimbra: Universidade de Coimbra, ano XXVI, 1990, p. 367-72.

PEDAGOGIA COMO CIÊNCIA DA EDUCAÇÃO

ESTRELA, Maria Tereza. O lugar do sujeito na investigação qualitativa: algumas notas críticas. In: TRINDADE, V.; FAZENDA, I.; LINHARES, C. (Orgs.). *Os lugares dos sujeitos na pesquisa educacional*. Campo Grande: UFMS, 1999.

EVANGELISTA, Walter José. A questão da cientificidade em teorias de conflito: marxismo e psicanálise. In: OLIVA, Alberto (Org.). *Epistemologia*: a cientificidade em questão. Campinas: Papirus, 1990.

EZPELETA, J.; ROCKWELL, E. La escuela: un relato de un processo de construcción inconcluso. In: MADEIRA, F. R.; MELLO, Guiomar, N. *Educação na América Latina*: os modelos teóricos e a realidade social. São Paulo: Cortez, 1985.

EZPELETA, J.; ROCKWELL, E. *Pesquisa Participante*. São Paulo: Cortez, 1989.

FABRE, Michel. Existem saberes pedagógicos? In: HOUSSAYE, J.; SOETARD, M.; HAMELINE, D.; FABRE, M. *Manifesto a favor dos pedagogos*. Porto Alegre: Artmed, 2004.

FAZENDA, Ivani (Org.). *Metodologia da pesquisa educacional*. São Paulo: Cortez, 1989.

FAZENDA, Ivani (Org.). *Novos enfoques na pesquisa educacional*. São Paulo: Cortez, 1991.

FIORENTINI, Dario; GERALDI, Corinta M.; PEREIRA, Elisabete Monteiro (Orgs.). *Cartografias do trabalho docente*. Campinas: Mercado das Letras, 1998.

FRANCO, Maria Amélia Santoro. *A Pedagogia como ciência da educação*: entre práxis e epistemologia. 2001. Tese (Doutorado em Educação). Faculdade de Educação. Universidade de São Paulo. São Paulo.

_____. *Nas trilhas e tramas de uma escola pública*: abordagem fenomenológica de um relato de experiência. 1996. Dissertação (Mestrado em Educação) — Pontifícia Universidade Católica de São Paulo, São Paulo.

_____. A Pedagogia como ciência da educação. In: *24. Reunião da ANPED, 2001*. Caxambu. A Pedagogia e sua multidimensionalidade: diferentes olhares, 2001. Homepage: www.Anped.Org.br/24/sessesp.htm. O trabalho está no CD-rom da ANPED 2001, no item sessões especiais. Aparece também no endereço eletrônico: *www.ufpe.br*/gt5anped/relat 2001.html.

_____. Investigando a práxis docente: dilemas e perspectivas. In: AFIRSE: Association Francophone Internacionale de Recherche Scientifique en éducation, 2002, Lisboa. *Livro do Colóquio*: A formação de Professores à luz da investigação. Lisboa: Faculdade de Psicologia e Ciências da Educação. Universidade de Lisboa, 2002, p. 187-187.

_____. *A Pedagogia como ciência da Educação*. Campinas: Papirus, 2003.

FRANCO, Maria Amélia Santoro. A Pedagogia para além dos confrontos. In: Fórum de Educação: Pedagogo, que profissional é esse? 2003, Belo Horizonte. *Anais do Fórum de Educação*: Pedagogo, que profissional é esse. Belo Horizonte: FAE/CBH/UEMG, 2003b, v. 1, p. 39-68.

_____. A práxis pedagógica como instrumento de transformação da prática docente. *Anais da XXVIII ANPED. GT04*. CD-Rom. Caxambu. 2005a. ISBN: 8586392154.

_____. Investigando a práxis docente: dilemas e perspectivas. In: FRANCO, Maria Amélia Santoro (Org.). *O lugar do professor na pesquisa educacional*. 1. ed. Santos: Editora Universitária Leopoldianum, 2006, v. 1, p. 42-62.

FRANCO, Maria Amélia Santoro; GHEDIN, Evandro: Introdução: alternativas investigativas com objetos complexos. In: FRANCO, Maria Amélia Santoro (Org.); GHEDIN, E. (Org.); PIMENTA, S. G. (Org.). *Pesquisa em educação: alternativas investigativas com objetos complexos*. 1. ed. São Paulo: Edições Loyola, 2006, v. 1, p. 7-24.

_____. Pedagogic Knowledge and the Teaching Practice. In: European Conference on Educational Research, 2006, Geneve. ECER 2006: *Transforming Knowledge*. Gèneve: Université du Gèneve, 2006, p. 1-14.

_____. Les Savoirs Pédagogiques et la Pratique Enseignante. In: *Mutations de L'enseignement supérieur: influences internationales*, 2006, Boulogne sür mer. Mutations de l enseignement supérieur: influences internationales, 2006, v. 1, p. 1-6.

_____. Entre a lógica da formação e a lógica das práticas: a mediação dos saberes pedagógicos. *29. Reunião Anual da ANPED*. Sessão Especial. CD-Rom do evento. Caxambu, 2006.

FRANCO, Maria Amélia Santoro; GHEDIN, Evandro. *Questões de método na construção da pesquisa em educação*. São Paulo: Cortez. Coleção Docência, 2006 (no prelo)

_____. Coordenação pedagógica: uma praxis em busca de sua identidade. *Educativa, Goiânia*. Revista do Departamento de Educação da UCG, v. 8, n. 1, p. 125-138, jan./jul. 2005b. ISSN 1415-0492.

FRANCO, Maria Amélia Santoro; GHEDIN, Evandro. Saberes Pedagógicos e Prática docente. *Anais do XIII ENDIPE*: Educação Formal e não formal, processos formativos e saberes pedagógicos. Recife: Edições Bagaço, 2006, v. 1, p. 27-50. ISBN: 853730007.

_____. Indicativos para um currículo de Formação de Pedagogos. Publicado em: *Políticas organizativas e curriculares, educação inclusiva e formação de professores*. ROSA, Dalva; SOUZA, Vanilton (Orgs.). Rio de Janeiro: DP&A Editores, 2002, p. 173-189.

_____. Para um currículo de formação de pedagogos: Indicativos. In: PIMENTA, Selma G. (Org.). *Pedagogia e Pedagogos*: caminhos e perspectivas. São Paulo: Cortez, 2002.

_____. A Pedagogia da pesquisa-ação. *Educação e Pesquisa*. Revista da Faculdade de Educação da USP. São Paulo, v. 31, fasc. 3, dez. 2005, p. 483-502. ISSN: 15179702.

_____. Apresentação da sessão Em foco: A pesquisa-ação e a prática docente. *Educação e Pesquisa*. Revista da Faculdade de Educação da USP, v. 31, fasc. 3, São Paulo, dez. 2005, p. 439-443. ISSN: 15179702.

_____. A articulação entre pesquisa e formação: pressupostos metodológicos de um grupo de formação e pesquisa. In: *Educação e Trabalho: representações sociais, competências e trajectórias profissionais*, 2005, Aveiro. Congresso Internacional: Educação e Trabalho. Aveiro: Universidade de Aveiro, 2005. CD-Rom, p. 1-18.

FRANCO, Maria Amélia Santoro; LIBÂNEO, José Carlos; PIMENTA, Selma Garrido. *Manifesto de Educadores Brasileiros sobre as Diretrizes Curriculares Nacionais para o Curso de Pedagogia*. Setembro de 2005.

FRANCO, Maria Amélia Santoro; LIBÂNEO, José Carlos; PIMENTA, Selma Garrido. Elementos para a formulação de Diretrizes para Cursos de Pedagogia. *Cadernos de Pesquisa*. Revista da Faculdade de Educação da USP, v. 37, n. 130, jan./abr. 2007, p. 63-98. ISSN. 0100/1574.

FRANCO, Maria Amélia Santoro; PIMENTA, Selma Garrido. Resenha. Manifesto a favor dos pedagogos (Daniel Houssaye, Michel Söetard, Daniel Hameline, Michel Fabre). *Cadernos de Pesquisa*. Revista da Faculdade de Educação da USP, v. 37, n. 130, jan./abr. 2007, p. 250-255. ISSN. 0100/1574.

FREIRE, Paulo. *A educação como prática da liberdade*. Rio de Janeiro: Paz e Terra, 1967.

_____. *A Pedagogia do Oprimido*. Rio de Janeiro: Paz e Terra, 1975.

FREIRE, Paulo. *Conscientização*. São Paulo: Cortez, 1980.

_____. *Pedagogia da autonomia*: saberes necessários à prática educativa. São Paulo: Paz e Terra, 1997.

FREITAG, Barbara. *Escola, Estado e Sociedade*. São Paulo: Moraes, 1984.

FRIGOTTO, Gaudêncio. O enfoque da dialética materialista histórica na pesquisa educacional. In: FAZENDA, Ivani (Org.). *Metodologia da pesquisa educacional*. São Paulo: Cortez, 1989.

GADOTTI, Moacir. Revisão crítica do papel do pedagogo na atual sociedade brasileira: Introdução à pedagogia do conflito. *Educação e Sociedade*. São Paulo: Cedes, 1, p. 5-16, 1978.

_____. *Educação e poder*: introdução à pedagogia do conflito. São Paulo: Cortez, 1980.

_____. Elementos para a crítica da questão da especificidade da educação. *Em Aberto*. Brasília: MEC, 3, 1984, p. 21-30.

_____. (Org.) *Paulo Freire*: uma biobibliografia. São Paulo, Brasília: Cortez, Instituto Paulo Freire, Unesco, 1996.

_____. *A Pedagogia da práxis*. São Paulo: Cortez, 1995.

GARAUDY, Roger. Diálogos de las Civilizacions. *Cuadernos para el Diálogo*. Madrid, 1977.

GAUTHERIN, Jacqueline. La science de l'éducation, discipline singulière: 1883-1914. In: CHARLOT, Bernard. *Les sciences de l'éducation*: un enjeu, un défi. Paris: ESF, 1996.

GELLNER, E. *Legitimation of Belief*. Londres: Cambridge University Press, 1974.

GERHARDT, Heinz-Peter. Paulo Freire. In: GADOTTI, M. (Org.). *Paulo Freire: uma biobibliografia*. São Paulo/Brasília: Cortez/Instituto Paulo Freire/Unesco, 1996.

GILES, Thomas R. *História da Educação*. São Paulo: EPU, 1982.

GOFFMAN, Erving. *Estigma*: notas sobre a manipulação da identidade deteriorada. Rio de Janeiro: Guanabara, 1988.

GOTTLER, Josef. *Pedagogia sistemática*. Barcelona: Herder, 1955.

GRAMSCI, Antonio. *Os intelectuais e a organização da cultura*. Rio de Janeiro: Civilização Brasileira, 1973.

GUTIÉRREZ, Francisco. *Educação como práxis política*. São Paulo: Summus, 1988.

HABERMAS, Jürgen. *Connaissance et intérêt*. Paris: Gallimard, 1982.

_____. *Teoria de la acción comunicativa*. Madrid: Taurus, 1988.

_____. *Para a construção do materialismo histórico*. São Paulo: Brasiliense, 1990.

HADJI, Charles; BAILLÈ, Jacques (Eds.). *Recherche et éducation*: vers une nouvelle alliance. Bruxelles: De Boeck & Lancier, 1998.

HAMELINE, Daniel. Pédagogie. In: HOFSTETTER, R.; SCHNEUWLY, B. Le pari des sciences de l'éducation. In: *Raisons éducatives*. Paris, Bruxelles: De Boeck Université, 1999.

HELLER, Agnes. *O cotidiano e a história*. Rio de Janeiro: Paz e Terra, 1992.

HERBART, Johan F. *Pedagogia general derivada del fin de la educación*. Madrid: Ediciones de La Lectura, s/d.

HESS, Remi. *Des Sciences de l'Éducation*. Paris: Economica, 1997.

HETZER, Hildegard. *Psicologia Pedagógica*. Lisboa: Fundação Calouste Gulbenkian, 1959.

HOFSTETTER, R.; SCHNEUWLY, B. Le pari des sciences de l'éducation. In: *Raisons éducatives*. Paris, Bruxelles: De Boeck Université, 1999.

HOUSSAYE, J. Théorie et pratique de l'éducation scolaire (I). *Le triangle pédagogique*. Berna: Peter Lang, 1988.

_____ (Org.). *La Pédagogie*: une encyclopédie pour aujourd'hui. Paris: ESF éditeur, 1993.

HOUSSAYE, J. (Org.). *Quinze pédagogues*: leur influence aujourd'hui. Paris: Armand Colin, 1994.

_____ (Org.). *Pédagogues contemporains*. Paris: A. Colin, 1995.

HOUSSAYE, Jean. Une illusion pédagogique? In: *Cahiers Pédagogiques*. Paris: INRP, 334, 1995, p. 28-31.

_____. Pedagogia: justiça para uma causa perdida? In: HOUSSAYE, J.; SOETARD, M.; HAMELINE, D.; FABRE, M. *Manifesto a favor dos pedagogos*. Porto Alegre: Artmed, 2004.

HUBERT, René. *Tratado de Pedagogia Geral*. Buenos Aires: El Ateneo, 1959.

ILLICH, Ivan. *Sociedade sem escolas*. Petrópolis: Vozes, 1973.

IMBERT, Francis. *Para uma práxis pedagógica*. Brasília: Palno Editora, 2003.

INGRAM, David. *Habermas e a razão dialética*. Brasília: Editora da UnB, 1993.

JAPIASSU, Hilton. *Nascimento e morte das ciências humanas*. Rio de Janeiro: Francisco Alves, 1978.

_____. *Um desafio à educação*: repensar a pedagogia científica. São Paulo: Letras e Letras, 1999.

JAPIASSU, Hilton; MARCONDES, Danilo. *Dicionário de Filosofia*. Rio de Janeiro: Zahar, 1996.

KINCHELOE, Joe L. *A formação do professor como compromisso político*: mapeando o pós-moderno. Porto Alegre: Artes Médicas, 1997.

KOSIK, K. *Dialética do concreto*. 6. ed. Rio de Janeiro: Paz e Terra, 1995.

LEIF, J.; RUSTIN, G. *Pédagogie generale: par l'étude des doctrines pédagogiques*. Paris: Librarie Delagrave, 1956.

LIBÂNEO, José C. *Democratização e escola pública*. São Paulo: Loyola, 1985.

_____. *Fundamentos teóricos e práticos do trabalho docente*. Estudo introdutório sobre Pedagogia e Didática. Tese (Doutorado em Educação) — Faculdade de Educação, Pontifícia Universidade Católica de São Paulo. São Paulo, 1990.

_____. O ato pedagógico em questão: o que é preciso saber? *Revista Interação*, Goiânia, 17, 1993, p. 11-125.

_____. Que destino os educadores darão à Pedagogia? In: PIMENTA, Selma Garrido. *Pedagogia, ciência da educação?* São Paulo: Cortez, 1996.

_____. Que destino os educadores darão à Pedagogia? In: PIMENTA, Selma Garrido. *Pedagogia, ciência da educação?* São Paulo: Cortez, 1996.

_____. Educação: Pedagogia e Didática. In: PIMENTA, Selma Garrido (Org.). *Didática e formação de professores*: percursos e perspectivas no Brasil e em Portugal. São Paulo: Cortez, 1997.

_____. *Adeus professor, adeus professora?* São Paulo: Cortez, 1998a.

_____. *Pedagogia e pedagogos, para quê?* São Paulo: Cortez, 1998b.

LIBÂNEO, José Carlos; PIMENTA, Selma G. Formação de profissionais da educação: visão crítica e perspectiva de mudança. *Educação e Sociedade*. Campinas: Cedes, n. 68/especial, 1999.

LÜDKE, Hermengarda et alii. Metodologias qualitativas na pesquisa em educação — contribuição ao estudo da escola. *Anais do Encontro de Pesquisa da região Sudeste*. São Paulo, 1984.

LÜDKE, Menga; ANDRÉ, Marli. *Pesquisa em Educação*: abordagens qualitativas. São Paulo: EPU, 1986.

LUZURIAGA, Lorenzo. *História da Educação e da Pedagogia*. São Paulo: Companhia Editora Nacional, 1969.

LYOTARD, Jean F. *A condição pós-moderna*. Gradiva: Lisboa, 1985.

MAFFESOLI, Michel. *Elogio da razão sensível*. Petrópolis: Vozes, 1998.

MANACORDA, Mário A. *Marx e a Pedagogia moderna*. São Paulo: Cortez, 1991.

MARTINS, Joel. *Temas Fundamentais da Fenomenologia*. São Paulo: Moraes, 1984. MARTINS, Joel. A pesquisa qualitativa. In: FAZENDA, Ivani (Org.). *Metodologia da pesquisa educacional*. São Paulo: Cortez, 1989.

MARX, K. e ENGELS, F. *A ideologia alemã*: teses sobre Feuerbach. São Paulo: Moraes, 1994.

MASCELLANI, Maria Nilde. O sistema público de ensino no Ensino Vocacional de São Paulo. *Revista Idéias*. São Paulo: FDE, n. 1, 1988.

MAZZOTTI, T. B. Estatuto da cientificidade da Pedagogia. *16ª Reunião Anped*, Caxambu, 1993. (Mimeo.).

_____. A Pedagogia como ciência da prática educativa. *VII ENDIPE*, Goiânia, 1994.

_____. Estatuto da cientificidade da Pedagogia. In: PIMENTA, Selma Garrido. *Pedagogia, ciência da educação?* São Paulo: Cortez, 1996.

McCARTHY, Thomas. *The critical theory of Jürgen Habermas*. USA: MIT Press, 1994.

MEIRIEU, Philippe. *Le choix d'éduquer*: éthique et pédagogie. Paris: ESF, 1995.

_____. *Le choix d'éduquer*: éthique et pédagogie. Paris: ESF, 1997.

MENDES, Dumerval T. (Org.). *Filosofia da educação brasileira*. Rio de Janeiro: Civilização Brasileira, 1998.

MIALARET, Gaston. *As ciências da Educação*. Lisboa: Moraes, 1976.

_____. Les "objets" de la recherche en sciences de l'éducation. In: *L'anné de la recherche en sciences de l'éducation*. Paris: PUF, 1994, p. 5-27.

MIALARET, Gaston. De la théorie de la relativité aux sciences humaines. In: *L'anné de la recherche en sciences de l'éducation*. Paris: PUF, 1996a, p. 9-52.

_____. Recherches actuelles en sciences de l'éducation. In: *L'anné de la recherche en sciences de l'éducation*. Paris: PUF, 1996b, p. 275-282.

_____. État des recherches en sciences de l'éducation. In: *L'anné de la recherche en sciences de l'éducation*. Paris: PUF, 1997, p. 213-266.

_____. Étude scientifique des situations d'éducation. In: *L'anné de la recherche en sciences de l'éducation*. Paris: PUF, 1998, p. 7-31 e p. 185-193.

MONROE, Paul. *Historia da Pedagogia*. São Paulo: Companhia Editora Nacional, 1972.

MONTOYA, B. El problema epistemológico en la pedagogia contemporânea. *Cuadernos de la Escuela de Pedagogia e Psicologia*. San Luis, Argentina: Universidade Nacional de Cuyo, 1970.

MORIN, Edgar. *O método*: o conhecimento do conhecimento. Porto Alegre: Sulina, 1999.

_____. *Ciência com consciência*. Portugal: Publicações Europa-América, 1982.

MOUNIER, Emmanuel. *O personalismo*. Lisboa: Livraria Moraes, 1964.

NASSIF, Ricardo. *Pedagogia general*. Buenos Aires: Kapeluz, 1958.

NOT, L. Sciences ou Science de l'Éducation. In: *Une science spécifique pour l'Éducation*. Toulouse: Publ. de l'Université de Toulouse le Mirail, 1984, p. 24.

NÓVOA, Antônio. *Profissão professor*. Cidade do Porto: Porto Editora, 1991.

_____. *Os professores e sua formação*. Lisboa: Dom Quixote, 1992.

_____. (Org.). *Vidas de professores*. Portugal: Porto, 1996a.

_____. As ciências da educação e os processos de mudança. In: PIMENTA, Selma Garrido (Org.). *Pedagogia, ciência da Educação?* São Paulo: Cortez, 1996.

OLIVA, Alberto (Org.). *Epistemologia*: a cientificidade em questão. Campinas: Papirus, 1990.

PATRASCOIU, J. *Curso completo de Pedagogia*. Buenos Aires: Libreria Garcia Santos, 1930.

PÉREZ-GOMEZ, Angel. O pensamento prático do professor: a formação do professor como profissional reflexivo. In: NÓVOA, Antônio (Coord.). *Os professores e a sua formação*. Lisboa: Dom Quixote, 1992.

PÉREZ-GOMEZ, Angel. A função e formação do/a professor/a para a compreensão: diferentes perspectivas. In: SACRISTÁN, J. G.; GÓMEZ, Pérez. *Compreender e transformar o ensino*. Porto Alegre: Artes Médicas, 1998.

PÉREZ-GOMEZ, Angel; SACRISTÁN, José G. *Compreender e transformar o ensino*. Porto Alegre: Artes Médicas, 1998.

PIMENTA, Selma Garrido (Org.). *Didática e formação de professores*: percursos e perspectivas no Brasil e em Portugal. São Paulo: Cortez, 1997.

PIMENTA, Selma Garrido. *O pedagogo na escola pública*. São Paulo: Loyola, 1988.

_____. Educação, Pedagogia e Didática. *VII Encontro Nacional de Didática e Prática de Ensino*. Goiânia, 1994, p. 44-64.

_____. *O estágio na formação de professores*: unidade, teoria e prática? São Paulo: Cortez, 1996.

PIMENTA, Selma Garrido. (Coord.). *Pedagogia, Ciência da Educação?* São Paulo: Cortez, 1996.

_____. A Didática como mediação na construção da identidade do professor — uma experiência de ensino e pesquisa na licenciatura. In: ANDRÉ, Marli; OLIVEIRA, Maria Rita N. S. *Alternativas do Ensino de Didática*. Campinas: Papirus, 1997.

_____. A prática (e a teoria) docente ressignificando a Didática. In: OLIVEIRA, Maria Rita N. S. (Org.). *Confluências e Divergências entre Didática e Currículo*. Campinas: Papirus, 1998.

_____ (Org.). *Saberes pedagógicos e atividade docente*. São Paulo: Cortez, 1999.

_____. Itinerário teórico/metodológico de uma pesquisadora. In: LINHARES, Célia; FAZENDA, Ivani; TRINDADE, Vitor (Org.). *Os lugares os sujeitos na pesquisa educacional*. Campo Grande: Ed. UFMS, 1999b.

_____ (Org.). *Pedagogia e pedagogos*: caminhos e perspectivas. São Paulo. Cortez, 2002.

PLANCHARD, Émilie. *A Pedagogia escolar contemporânea*. Portugal: Coimbra Editora, 1960.

_____. *Introduction a la Pédagogie*. Paris: Nauwlaerts, 1963.

POULANTZAS, Nicos. A escola em questão. *Tempo Brasileiro*, n. 35. Rio de Janeiro: Ed. Universitária, 1973.

PROST, Antoine. *Éloge des pédagogues*. Paris: Éditions du Seuil, 1985.

QUINTANA CABANAS, J. M. Pedagogia, ciências de la educatión y ciência de la educatión. In: BASABE BARCALA, J. et al. *Estudios sobre epistemología y pedagogía*. Madrid: Anaya, 1983.

REIS FILHO, Aarão; MORAES, Pedro. *68 a paixão de uma utopia*. Rio de Janeiro: Fundação Getúlio Vargas, 1998.

REZENDE, Antônio Muniz. *Concepção fenomenológica da Educação*. São Paulo: Cortez, 1990.

RICOEUR, Paul. *Interpretação e ideologias*. São Paulo: Francisco Alves, 1990.

RIOS, Terezinha. *Por uma docência de qualidade*. 2000. Tese (Doutorado em Educação) Faculdade de Educação — Universidade de São Paulo, São Paulo.

ROCHA, Alexandre Sérgio. Cientificidade e Consenso: esboço de uma epistemologia a partir da teoria consensual de Jürgen Habermas. In: OLIVA, Alberto (Org.). *Epistemologia*: a cientificidade em questão. Campinas: Papirus, 1990.

ROJO, Martin R. *Hacia una didáctica crítica*. Madri: La Muralla, 1997.

ROMANELLI, Otaíza O. *História da educação no Brasil*. Petrópolis: Vozes, 1984.

ROVAI, Esméria. *As cinzas e a brasa: ginásios vocacionais*: um estudo sobre o processo ensino-aprendizagem na experiência pedagógica do ginásio estadual vocacional Osvaldo Aranha. Tese (Doutorado em Educação) Faculdade de Educação. Pontifícia Universidade Católica de São Paulo, São Paulo, 1996.

SACRISTÁN, J. Gimeno. *Poderes instáveis em Educação*. Porto Alegre: Artes Médicas, 1999.

SÁNCHEZ GAMBOA, Sílvio. Epistemologia da Pesquisa em Educação. Tese (Doutorado em Educação) — Faculdade de Educação. Universidade Estadual de Campinas. Campinas, São Paulo, 1987.

_____. A dialética na pesquisa em educação: elementos de contexto. In: FAZENDA, Ivani (Org.). *Metodologia da pesquisa Educacional*. São Paulo: Cortez, 1989.

_____. *Fundamentos para la investigation educativa*: pressupostos epistemológicos que orientan al investigador. Bogotá: Editorial Magistério, 1998.

SANTOS, Boaventura de Sousa. *Um discurso sobre as ciências*. Porto: Afrontamento, 1996.

SANTOS, Boaventura de Sousa. *Introdução a uma ciência pós-moderna*. Rio de Janeiro: Graal, 1989.

SARTRE, Jean P. *Questão do método*. São Paulo: Difel, 1979.

SARUP, Madan. *Marxismo e Educação*. Rio de Janeiro: Zahar, 1980.

SAVIANI, D. *Escola e democracia*. São Paulo: Cortez, 1983.

_____. Sobre a natureza e especificidade da educação. *Em Aberto*. Brasília: MEC-INEP, 22, p. 7-13, 1984.

_____. *Educação*: do senso comum à consciência filosófica. 10. ed. São Paulo: Cortez, 1991a.

_____. Dimensão Filosófica da Educação. São Paulo: PUC, 1991b. (Mimeo.).

SCHLEIERMACHER, Friedrich D. E. *Hermenêutica*: arte e técnica da interpretação. Petrópolis: Vozes, 1999. (Apresentação de Celso Braida.)

SCHMIED-KOWARZIK, W. *Pedagogia dialética*: de Aristóteles a Paulo Freire. São Paulo: Brasiliense, 1983.

SCHÖN, Donald. *The reflective practioner*. Londres: Temple Smith, 1983.

_____. *La formation de profissionales reflexivos*. Barcelona: Paidós-MEC, 1987.

SCHÖN, Donald. Formar professores como profissionais reflexivos. In: NOVÓA, Antônio (Coord.). *Os professores e a sua formação*. Dom Quixote: Lisboa, 1992.

SCIACCA, Michele F. *O problema da educação*: na história do pensamento filosófico e histórico. São Paulo: Herder, 1966, 2 v.

SENSÉVY, G. La scientificité des sciences de l'éducation. In: *L'année de la recherche en sciences de l'éducation*. Paris: PUF, 1994, p. 53-70.

SEVERINO, A. J. A formação profissional do educador, pressupostos filosóficos e implicações curriculares. *Revista Ande*. São Paulo: Ande, 10, p. 29-40, 1991.

SEVERINO, A. J. Quem educa o educador? *Educação e Sociedade* n. 3. Campinas, São Paulo: Cedes, Cortez, 1981, p. 133-136.

_____. Da possibilidade do estatuto científico da Didática: um olhar filosófico. *Anais da VIII Endipe*. Florianópolis, 1996.

_____. *A filosofia contemporânea no Brasil*: conhecimento, política e educação. Rio de Janeiro: Vozes, 1999.

SILVA, Carmem Silvia B. *Curso de Pedagogia no Brasil*: identidade e história. Campinas: Autores Associados, 1999.

SILVA, Moacir. *Revisitando o ginásio vocacional*: um "lócus" de formação continuada. 1999. Tese (Doutorado em Educação). Pontifícia Universidade Católica de São Paulo, São Paulo.

SIMÉONS, G. *Cours de Pédagogie pratique*. Tamines: Duculot, Libraire éditeur, 1922.

SÖETARD, Michel. *Pestalozzi ou la naissance de l'éducateur*. Berna: Peter Lang, 1981.

_____. Le savoir de l'éducation dans son rapport à l'action. In: *L'anné de la recherche en sciences de l'éducation*. Paris: PUF, p. 31-48, 1998.

_____. Ciência(s) da educação ou sentido da educação? A saída pedagógica. In: HOUSSAYE, J.; SOETARD, M.; HAMELINE, D.; FABRE, M. *Manifesto a favor dos pedagogos*. Porto Alegre: Artmed, 2004.

SUCHODOLSKI, Bogdan. *Teoria marxista de la educación*. Mexico: Grijalbo, 1960.

_____. *Teoria marxista da educação*. Lisboa: Estampa, 1976.

TEIXEIRA, Anísio E. *Pequena introdução à filosofia da educação*. São Paulo: Melhoramentos, 1972.

TENORTH, Heinz-Elmar. Les sciences de l'éducation en Allemagne. Un chemiment vers la modernité entre science, profesión enseignant et politique. In: HOFSTETTER, R.; SCHNEUWLY, B. Le pari des sciences de l'éducation. *Raisons éducatives*. Paris, Bruxelles: De Boeck Université, 1999.

TERRAL, H. La psycopédagogie: une discipline vagabonde. In: *Revue Française de Pédagogie*. Paris: INRP 107, 1994.

THIOLLENT, Michael. Notas para o debate sobre pesquisa-ação. *Serviço Social & Sociedade* n. 10. São Paulo, Cortez, dez. 1982.

_____. *Metodologia da pesquisa-ação*. São Paulo: Cortez, 1985.

TORRES, Carlos Alberto. *A práxis educativa de Paulo Freire*. São Paulo: Loyola, 1979.

TRIVIÑOS, Augusto N. *Introdução à Pesquisa em Ciências Sociais*: a pesquisa qualitativa em educação. São Paulo: Atlas, 1987.

VÁSQUEZ, Adolfo S. *Filosofia da práxis*. Rio de Janeiro: Paz e Terra, 1968.

VIEIRA PINTO, Álvaro. *Ciência e existência*. 3. ed. Rio de Janeiro: Paz e Terra, 1985.

WEISSER, Marc. Non pas prouver mais donner à réfléchir: plaidoyer pour une épistemologie herméneutique. In: *L'anné de la recherche en sciences de l'éducation*. Paris: PUF, p. 49-64, 1998.

WULF, Ch. *Introduction aux sciences de l'éducation, entre théorie et pratique*. Paris: Armand Colin, 1995.

_____. Les sciences de l'éducation en Allemagne. In: HESS, Remi. *Des Sciences de l'Éducation*. Paris: Ed. Economica, 1997.

ZEICHNER, Kenneth. Para além da divisão entre professor-pesquisador e pesquisador-acadêmico. In: FIORENTINI, GERALDI e PEREIRA (Org.). *Cartografias do trabalho docente*. Campinas: Mercado das Letras, 1998.

_____. El maestro como profissional reflexivo. *Cuadernos de Pedagogia* n. 220, 1992, p. 44-49.

_____. *A formação reflexiva dos professores*. Lisboa: Educa, 1993.

_____. Los professores como profesionales reflexivos y la democratización de la reforma escolar. In: *Congresso Internacional de Didáctica — Volver a pensar la educación*. Madrid: Morata, 1995.

_____. O professor reflexivo. Conferência proferida na *XX Reunião Nacional da ANPED*. Caxambu: Minas Gerais, 1997.

ZEICHNER, Kenneth; LISTON, D. P. *Reflective teaching*: an introduction. Nova Jersey: Lawrence Erlbaum Associates Publishers, 1996.

Sobre a Autora

Maria Amélia do Rosário Santoro Franco é natural de Campinas-SP, cidade onde se graduou em Pedagogia, na PUCCAMP, em 1968. É mestre em Psicologia da Educação pela PUC-SP e doutora em Educação pela Universidade de São Paulo.

Atualmente coordena o Mestrado em Educação da Universidade Católica de Santos; é pesquisadora 2 do CNPq e pesquisadora do GEPEFE -USP (grupo de estudos e pesquisas sobre formação do educador). Faz parte do GT de Didática da Anped e é membro do Conselho Científico dessa entidade. Coordena a série *Saberes Pedagógicos*, da Cortez Editora.

Possui várias publicações sobre a questão da epistemologia da Pedagogia e sobre a epistemologia da pesquisa em educação, com foco nos estudos sobre a pedagogia da pesquisa-ação.

Foi diretora de escola pública; diretora da Faculdade de Educação da Universidade Mackenzie; coordenou diversos cursos de Pedagogia e atua como docente de ensino superior há mais de trinta anos em instituições particulares de ensino em São Paulo. É parecerista de diversas instituições e publicações científicas da área educacional.